अपने सपनों को हकीकत में बदलें।

$2 मिलियन डॉलर की यात्रा

वित्तीय उत्पाद उद्योग में मेरी सहज सफलता

एक राह जिसे कोई भी अपना सकता है

रणधीर भल्ला

समर्पण

यह पुस्तक उन सभी लोगों को समर्पित है जो सबसे विश्वसनीय रास्तों के माध्यम से धन निर्माण के प्रति अटूट प्रतिबद्धता रखते हैं।

मैं अपने गुरुओं का बहुत आभारी हूं, जिन्होंने मेरी यात्रा की शुरुआत में अमूल्य मार्गदर्शन प्रदान किया और ईमानदारी, सत्यनिष्ठा और न्यूनतम जोखिम के साथ धन और सफलता प्राप्त करने का मार्ग प्रशस्त किया।

Table of Contents

प्रस्तावना

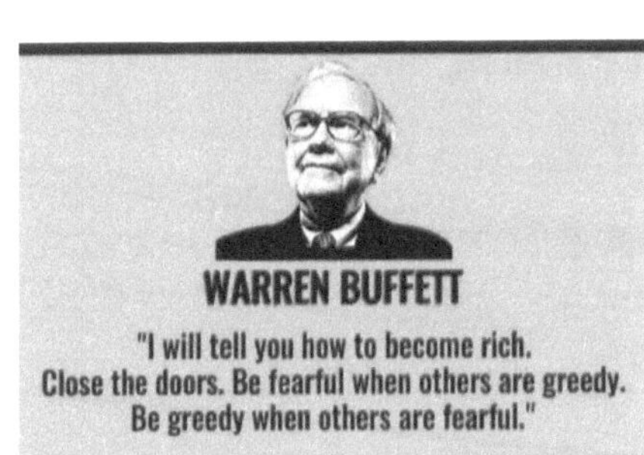

इस पुस्तक को लिखने के लिए इससे अधिक उपयुक्त समय नहीं हो सकता था, और इसकी शुरुआत वॉरेन बफेट के प्रतिष्ठित उद्धरण (quote) से होती है। वर्तमान में वैश्विक वित्तीय बाजार अभूतपूर्व उथल-पुथल का सामना कर रहे हैं। सेंसेक्स अपने शिखर से 16% से अधिक गिर चुका है, जबकि मिड-कैप और स्मॉल-कैप इंडेक्स क्रमशः 21% और 25% तक लुढ़क चुके हैं। इसके अलावा, सेंसेक्स के 90% से अधिक शेयर अपनी 200-दिन की मूविंग एवरेज (DMA) से नीचे कारोबार कर रहे हैं, जो एक लंबे समय तक मंदी के संकेत दे रहा है।

ऐसे अनिश्चित समय में, संपत्ति संचय (वेल्थ क्रिएशन) पर मार्गदर्शन देना एक कठिन कार्य बन जाता है। ठीक ऐसे ही क्षणों में वॉरेन बफेट की बुद्धिमत्ता आशा की किरण के रूप में कार्य करती है। इस पुस्तक में दर्शाया गया उनका प्रसिद्ध उद्धरण (quote) मेरी व्यक्तिगत निवेश यात्रा से गहराई से जुड़ा हुआ है।

मैंने स्वयं कई वित्तीय संकटों का सामना किया है और यह सीखा है कि हर संकट के भीतर एक अवसर छिपा होता है – एक ऐसा अवसर जिसे भय और संदेह के कारण अधिकांश लोग पहचानने

में असफल रहते हैं। यह पुस्तक उन्हीं पाठों को साझा करने और यह बताने के लिए लिखी गई है कि आप कठिन परिस्थितियों में भी संपत्ति कैसे बना सकते हैं।

इस पुस्तक को पूरे विश्वास के साथ पढ़ें, इसके विचारों को अपनाएँ, और आप अपने भविष्य को समृद्ध बनाने के लिए बेहतर रूप से तैयार होंगे।

ईश्वर आपकी यात्रा को सफल बनाए।

लेखक के बारे में

रणधीर भल्ला एंड एसोसिएट्स वरिष्ठ इंजीनियरों, चार्टर्ड अकाउंटेंट और कॉस्ट व् मैनेजमेंट अकाउंटेंट सहित अनुभवी पेशेवरों से बनी एक प्रतिष्ठित फर्म है। इस निपुण टीम का नेतृत्व रणधीर भल्ला कर रहे हैं, जो एक प्रतिष्ठित लेखक और अपने क्षेत्र के विशेषज्ञ हैं।

रणधीर की गहरी विशेषज्ञता और प्रभावशाली योगदान के कारण, उन्हें प्रतिष्ठित संस्थानों द्वारा आयोजित कार्यक्रमों में बोलने के लिए आमंत्रित किया गया है। इनमें **FICCI (फेडरेशन ऑफ इंडियन चैम्बर्स ऑफ कॉमर्स एंड इंडस्ट्री), ASSOCHAM (एसोसिएटेड चैम्बर्स ऑफ कॉमर्स एंड इंडस्ट्री ऑफ इंडिया) - नई दिल्ली**, और **FKCCI (फेडरेशन ऑफ कर्नाटका चैम्बर्स ऑफ कॉमर्स एंड इंडस्ट्री) - बेंगलुरु** शामिल हैं।

भारत भर में वित्तीय व्यवसाय निरंतरता योजना के विशेषज्ञ के रूप में व्यापक रूप से माने जाने वाले रणधीर ने अनुकूलित वित्तीय व्यवसाय निरंतरता योजनाएं (Customized Financial Business Continuity Plans) विकसित की हैं जो व्यावसायिक उद्यमों, उनके प्रमोटरों, सहयोगियों, निवेशकों और प्रमुख कर्मियों के लिए अमूल्य संपत्ति हैं। उनका मूल दर्शन, कि सुरक्षा (Protection - P) हमेशा रिटर्न (Return - R) से आगे निकल जाती है, मजबूत जोखिम प्रबंधन के महत्व को रेखांकित करती है। रणधीर अपने खास अनुभव से एचएनआई के लिए प्रभावी जोखिम सुरक्षा योजनाएँ (Risks Mitigation plans) बनाते हैं, जो उन्हें जोखिम कम करने और मानसिक शांति पाने में मदद करती हैं।

लेखक की पिछली पुस्तकें

उन्होंने 4 उल्लेखनीय पुस्तकें लिखी हैं जो बीमा बिक्री और धन-निर्माण रणनीतियों की दुनिया में अमूल्य अंतर्दृष्टि प्रदान करती हैं:

1. "6 Secrets of Selling 100 Cr (1 अरब) Insurance to HNIs with Ease" - इस पुस्तक में, लेखक ने उच्च निवल मूल्य वाले व्यक्तियों (एचएनआई) को उच्च मूल्य वाली बीमा पॉलिसियों को प्रभावी ढंग से बेचने के लिए सिद्ध रणनीतियों को साझा किया है। वह पाठकों को इस विशिष्ट बाज़ार में आत्मविश्वास से नेविगेट करने और पर्याप्त सफलता प्राप्त करने के लिए आवश्यक अंतर्दृष्टि प्रदान करता है।

2. "Sell Big Insurance to Unknown Ferrari Owners" - लक्जरी वाहन मालिकों का बीमा करने के क्षेत्र पर केंद्रित, यह पुस्तक फेरारी जैसी उच्च-स्तरीय संपत्तियों वाले ग्राहकों तक पहुंचने और उन्हें सेवा देने की अनूठी तकनीकों की खोज करती है। रणधीर इस विशेष खंड पर कब्जा करने और विकास क्षमता को अधिकतम करने के लिए एक नया दृष्टिकोण प्रदान करते हैं।

3. "एक मिलियन डॉलर कैसे कमाएँ ? - अर्थव्यवस्था कितनी भी खराब क्यों न हो" - अपने व्यापक अनुभव से सीखते हुए, लेखक चुनौतीपूर्ण आर्थिक समय में भी वित्तीय सफलता प्राप्त करने पर व्यावहारिक ज्ञान साझा करते हैं। वह कार्रवाई योग्य रणनीतियों की रूपरेखा तैयार करते हैं जो पाठकों को लचीलेपन और कुशल व्यावसायिक प्रथाओं के माध्यम से महत्वपूर्ण धन उत्पन्न करने में सक्षम बनाती हैं।

4. "अनलॉकिंग बिग टिकट इंश्योरेंस एंड म्यूचुअल फंड सेल्स" - इस पुस्तक में, रणधीर भल्ला जी बीमा एजेंटों को उद्योग में बदलावों के अनुकूल कार्रवाई योग्य रणनीतियाँ प्रदान करते हैं, जिसमें जीवन सुगम की शुरूआत और ऑनलाइन प्लेटफ़ॉर्म से बढ़ती प्रतिस्पर्धा शामिल है। म्यूचुअल फंड, ऋण और इक्विटी उत्पादों में नवाचार (innovation) और विविधीकरण पर जोर देते हुए, यह पुस्तक पेशेवरों को परिष्कृत ग्राहकों की बढ़ती जरूरतों को पूरा करने और वित्तीय क्षेत्र में स्थायी सफलता प्राप्त करने के लिए तैयार करती है।

📞 संपर्क करें:

✉ **Email:** randhirbhalla1950@gmail.com

🔢 **Mobile:** +91 9376117563 / +91 8141117563

किताब के बारे में

यह वास्तव में अद्भुत है! भारतीय पहले से कहीं अधिक लंबे समय तक जीवित रह रहे हैं।

वर्ष बनाम भारत में औसत जीवन प्रत्याशा (Life Span)
- **1900** → 25.4 वर्ष
- **1947** → 31 वर्ष
- **1951** → 37.1 वर्ष
- **2000** → 62.2 वर्ष
- **2021** → 67.3 वर्ष
- **2024** → 72.24 वर्ष

यह उन सभी के लिए एक महत्वपूर्ण चेतावनी है, जिन्होंने अभी तक अपनी सेवानिवृत्ति की योजना बनाना शुरू नहीं किया है।

सुरक्षित और आनंदमय सेवानिवृत्ति की कुंजी है— **नियमित रूप से बचत करना और आज ही समझदारी से निवेश करना।**

धन-निर्माण उतना जटिल या पहुंच से बाहर नहीं है जितना यह लग सकता है - कोई भी, पृष्ठभूमि या अनुभव की परवाह किए बिना, इसे प्राप्त कर सकता है। मूल सिद्धांत सरल और व्यापक रूप से समझे जाने वाले हैं, लगातार बचत करें, सोच-समझकर निवेश करें, अनावश्यक कर्ज से बचें और दीर्घकालिक परिप्रेक्ष्य (perspective) बनाए रखें। असली चुनौती इन अवधारणाओं (concepts) में नहीं, बल्कि तेजी से धन हासिल करने की चाहत में है।

यह पुस्तक लेखक की व्यक्तिगत सफलता का जश्न मनाने के लिए नहीं लिखी गई है; बल्कि, यह लेखक के अनुभव से प्रेरित एक

व्यावहारिक मार्गदर्शिका है। वह मानते हैं कि अनगिनत अन्य लोगों ने समान समय-सीमा के भीतर उल्लेखनीय वित्तीय उपलब्धियां हासिल की हैं, कुछ ने इससे भी अधिक। यहां प्राथमिक उद्देश्य शिक्षित करना है - यह स्पष्ट करना कि मूलभूत निवेश सिद्धांतों का लगातार पालन करके, कोई भी ऐसे वित्तीय परिणाम प्राप्त कर सकता है जिसका कई लोग केवल सपना देखते हैं।

इस यात्रा के माध्यम से, लेखक पाठकों को इन रणनीतियों को लागू करने के लिए सशक्त बनाना चाहता है, जिससे यह साबित हो सके कि सीखने और कार्य करने के इच्छुक किसी भी व्यक्ति के लिए बेहतर निवेश प्रथाएं पहुंच में हैं। प्रतिबद्धता और ज्ञान के साथ, पाठक वित्तीय आकांक्षाओं को वास्तविक सफलता में बदल सकते हैं।

अध्याय - 1
एक सच्ची कहानी: श्री शाह बनाम श्री पटेल

कुछ साल पहले, मैंने कोटक महिंद्रा एसेट मैनेजमेंट के प्रबंध निदेशक, श्री निलेश शाह से एक कहानी सुनी। यह कहानी मुझे बहुत अच्छी लगी क्योंकि इससे मैंने सीखा कि सही निवेश रणनीति और जोखिम लेने से बिना डर के संपत्ति बनाई जा सकती है।

कहानी

बीस साल पहले, श्री निलेश शाह दो लोगों को जानते थे जिनका निवेश करने का तरीका बिल्कुल अलग था।

श्री शाह बहुत अमीर थे और शानदार जीवन जीते थे। उनके पास एक ड्राइवर वाली मर्सिडीज कार थी। दूसरी ओर, श्री पटेल एक साधारण मध्यम वर्गीय व्यक्ति थे, जो अपनी बजाज स्कूटर पर चलते थे।

श्री शाह बहुत सावधान रहने वाले व्यक्ति थे। उन्होंने किसी भी तरह का जोखिम नहीं लिया और अपनी सारी बचत सिर्फ सुरक्षित निवेश जैसे ऋण योजनाओं (Debt Funds) में लगाई, जिससे उन्हें सालाना केवल 7-8% रिटर्न मिलता था। दूसरी तरफ, श्री पटेल समझदारी से निवेश करते थे। उन्होंने एक अनुभवी वित्तीय सलाहकार से सलाह ली और अपना पैसा कुछ हिस्से में शेयर बाजार (Equity) और कुछ हिस्से में ऋण योजनाओं (Debt Funds) में लगाया।

सालों तक दोनों अपने-अपने निवेश तरीके पर टिके रहे।

बदलाव का समय

बीस साल बाद, श्री निलेश शाह की दोनों से एक शादी में मुलाकात हुई। उन्होंने देखा कि दोनों की आर्थिक स्थिति पूरी तरह बदल चुकी थी।

अब श्री पटेल एक नई मर्सिडीज कार में आए, जबकि श्री शाह को एक पुरानी मारुति कार में सफर करना पड़ रहा था।

कारण

इस बदलाव की वजह साफ थी:

- **श्री शाह ने सिर्फ सुरक्षित निवेश किए**, जिससे उन्हें सिर्फ 4-5% (post tax) का रिटर्न मिला। यह मुद्रास्फीति (Inflation) को नहीं हरा पाया, और धीरे-धीरे उनकी संपत्ति खत्म हो गई। नतीजा यह हुआ कि उन्हें अपनी जीवनशैली बदलनी पड़ी।
- **श्री पटेल ने समझदारी से निवेश किया।** उन्होंने लगातार शेयर बाजार में निवेश किया और थोड़ी राशि सुरक्षित निवेश में रखी। इससे उन्हें औसतन 15% का रिटर्न मिला, जो मुद्रास्फीति से अधिक था।
- **कंपाउंडिंग (चक्रवृद्धि ब्याज) की ताकत** ने श्री पटेल के लिए काम किया और समय के साथ उनकी संपत्ति कई गुना बढ़ गई।

सीख

इस कहानी ने मुझे समझाया कि सही निवेश रणनीति और थोड़े जोखिम के बिना संपत्ति बनाना मुश्किल है।

अगर हमें अपने भविष्य को सुरक्षित बनाना है, तो हमें सही परिसंपत्ति आवंटन (Asset Allocation) और चतुर निवेश की जरूरत होती है।

अगर आप भी अपने वित्तीय जीवन को बेहतर बनाना चाहते हैं, तो इस किताब को आगे पढ़ते रहें।

अध्याय - 2
मेरी अपनी यात्रा से, मैं ये अंतर्दृष्टि (insights) प्रदान करता हूं:

क) धन बनाना अपने आप में कठिन नहीं है; असली चुनौती इसे तेजी से करने में है।

धन का निर्माण कोई जटिल या अप्राप्य लक्ष्य नहीं है - यह कुछ ऐसा है जिसे कोई भी, पृष्ठभूमि या अनुभव की परवाह किए बिना, हासिल कर सकता है। वास्तव में, धन-निर्माण के बुनियादी सिद्धांत सीधे और प्रसिद्ध हैं: नियमित रूप से बचत करें, बुद्धिमानी से निवेश करें, कर्ज से बचें और लंबी अवधि के लिए योजना बनाएं। हालाँकि, जो चीज़ इस प्रक्रिया को कठिन बनाती है, वह स्वयं अवधारणा (concept) नहीं है, बल्कि जल्दी से धन प्राप्त करने की चुनौती है।

इन वर्षों में, मैंने सीखा है कि तेजी से संपत्ति बनाने में वास्तविक कठिनाई सामान्य बाधाओं पर काबू पाने और प्रक्रिया को तेज करने वाली रणनीतियों को लागू करने में है। अपनी यात्रा से, मुझे यह समझ में आया है कि गति चुनौतीपूर्ण क्यों है और इसे कैसे हासिल किया जा सकता है:

1. समय के साथ अनुशासन और निरंतरता की आवश्यकता

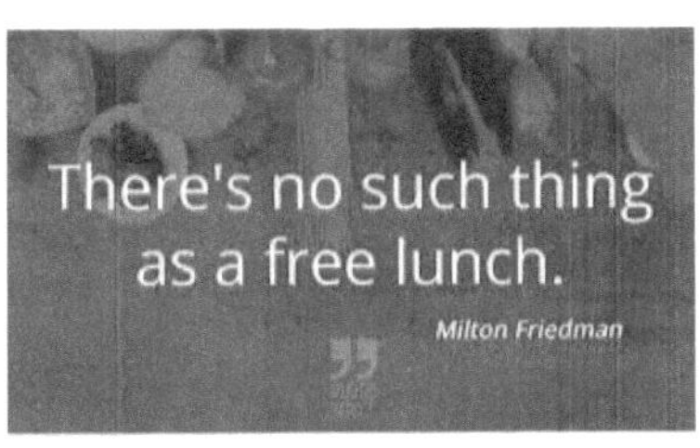

"मुफ्त भोजन जैसी कोई चीज नहीं होती" आपको अनुशासित रहकर इसे अर्जित करना होगा।

हालाँकि धन-निर्माण के सिद्धांत सरल हैं, लेकिन समय-समय पर अनुशासन और निरंतरता के साथ उन पर टिके रहना ही अधिकांश लोगों को संघर्ष करना पड़ता है। तेजी से धन बनाने की चुनौती प्रक्रिया को समझने के बारे में नहीं है, बल्कि ध्यान भटकाने वाले और भावनात्मक निर्णयों से बचने के लिए आत्म-नियंत्रण रखने की है। अक्सर, लोग तुरंत संतुष्टि चाहते हैं या "जल्दी अमीर बनो" योजनाओं के विचार से आकर्षित होते हैं, जिससे गलतियाँ होती हैं और अवसर चूक जाते हैं।

मैंने जो सीखा है वह यह है कि यह त्वरित, जोखिम भरे कदम उठाने के बारे में नहीं है बल्कि समय के साथ लगातार, गणनात्मक निर्णय लेने के बारे में है। मुख्य बात ऐसी आदतें बनाना है जो दूसरी प्रकृति बन जाती हैं। उदाहरण के लिए, अपने बचत या निवेश खातों में नियमित योगदान करना, तब भी जब बाजार अप्रत्याशित (unpredictable) हो, लंबी अवधि में धन-निर्माण को गति देता है। जब पुरस्कार तुरंत दिखाई नहीं देते तो चुनौती बनी रहती है

2. संयोजन (Compunding) की शक्ति का उपयोग करना

अल्बर्ट आइंस्टीन को अक्सर यह कहते हुए श्रेय दिया जाता है:

"चक्रवृद्धि ब्याज संसार का आठवां आश्चर्य है। जो इसे समझता है, वह इसे कमाता है। जो इसे नहीं समझता, वह इसे चुकाता है।"

यह कथन चक्रवृद्धि ब्याज की शक्ति को दर्शाता है, जो धन संचय और वित्तीय सफलता के लिए एक महत्वपूर्ण सिद्धांत है।

धन-निर्माण के पीछे की वास्तविक शक्ति संयोजन (Compunding) है - आपके निवेश की न केवल आपके द्वारा निवेश की गई मूल राशि पर, बल्कि संचित रिटर्न पर भी रिटर्न अर्जित करने की क्षमता। कंपाउंडिंग एक गेम-चेंजर है, और यही एक कारण है कि जल्दी शुरुआत करना इतना महत्वपूर्ण है। लेकिन धन-निर्माण में तेजी लाने की कुंजी मुनाफे को समय से पहले बाहर निकालने के बजाय लगातार अपने निवेश में वापस निवेश करने में निहित (lies) है।

अपनी यात्रा के शुरुआती वर्षों में, मैंने स्मार्ट, अनुशासित निवेश करने पर ध्यान केंद्रित किया और फिर कंपाउंडिंग की शक्ति को प्रभावी होने दिया। यह रातों-रात बड़ी रकम कमाने के बारे में नहीं था, बल्कि मुझे काम करने के लिए समय देने के बारे में था। तेजी से संपत्ति बनाने में चुनौती केवल निवेश करने की नहीं है, बल्कि इतना धैर्यवान और अनुशासित रहने की है कि कंपाउंडिंग अपना लाभ दे सके।

3. अवसरों की पहचान करना और उनका लाभ उठाना

तेजी से संपत्ति बनाने के लिए आपको उन अवसरों की पहचान करने और उनका लाभ उठाने की आवश्यकता होती है जो आपके दीर्घकालिक लक्ष्यों के अनुरूप हों। जबकि पारंपरिक धन-निर्माण रणनीतियाँ जैसे कि नियमित रूप से बचत करना और इक्विटी में निवेश करना आवश्यक है, उन अवसरों को पहचानने में सक्षम होना जो आपको त्वरित रिटर्न देंगे, उतना ही महत्वपूर्ण है। ये अवसर उच्च-विकास वाले क्षेत्रों, नई तकनीकों या विशिष्ट निवेशों के रूप में आ सकते हैं जिन्हें अन्य लोग नज़रअंदाज कर देते हैं।

मैंने प्रत्यक्ष रूप से देखा है कि बाजार को लगातार स्कैन करना और इन अवसरों की तलाश करना कितना महत्वपूर्ण है। उदाहरण के लिए, प्रौद्योगिकी या नवीकरणीय ऊर्जा (technology or renewable energy) जैसे उभरते क्षेत्रों में शुरुआती निवेश, बाजार औसत से कहीं अधिक रिटर्न प्रदान कर सकता है। हालाँकि, इसके लिए न केवल बाज़ार की अच्छी समझ की आवश्यकता है बल्कि परिकलित जोखिम लेने की इच्छा भी आवश्यक है। तेजी से संपत्ति बनाने में चुनौती इन अवसरों के मुख्यधारा में आने से पहले उन पर कार्रवाई करने की दूरदर्शिता और साहस रखने की है।

4. संपत्ति बनाने के लिए ऋण का उपयोग करना

तेजी से संपत्ति बनाने का एक अन्य महत्वपूर्ण कारक यह जानना है कि ऋण का प्रभावी ढंग से लाभ कैसे उठाया जाए।

जबकि ऋण एक दोधारी तलवार हो सकता है, इसका बुद्धिमानी से उपयोग करने से आपकी धन-निर्माण यात्रा तेज हो सकती है। उदाहरण के लिए, संपत्ति खरीदने के लिए गिरवी का उपयोग करना या आय-सृजन करने वाली संपत्तियों में निवेश करने के लिए कम-ब्याज ऋण लेने से आपको केवल अपनी बचत पर निर्भर रहने की तुलना में अपना धन तेजी से बढ़ाने में मदद मिल सकती है।

हालाँकि, चुनौती यह जानना है कि कब और कैसे अपने आप पर अधिक दबाव डाले बिना रणनीतिक रूप से ऋण का उपयोग किया जाए। यह मंदी के मौसम में पर्याप्त वित्तीय लचीलेपन को बनाए रखते हुए विकास को बढ़ावा देने के लिए ऋण का उपयोग करने के बीच संतुलन को समझने के बारे में है। मैंने सीखा है कि सही तरीके से ऋण का लाभ उठाने से आप धन संचय में तेजी ला सकते हैं - लेकिन ऐसा बुद्धिमानी और सावधानी से करना महत्वपूर्ण है।

5. अनेक आय स्रोतों का निर्माण

अपनी यात्रा में मैंने जो सबसे महत्वपूर्ण सबक सीखा, वह यह था कि आय के एक ही स्रोत पर निर्भर रहने से संपत्ति बनाने की प्रक्रिया बहुत धीमी हो जाती है। तेजी से संपत्ति बनाने के लिए, आपको आय के कई स्रोत बनाने होंगे - चाहे निवेश के माध्यम से, साइड बिजनेस के माध्यम से, या अन्य अवसरों के माध्यम से। यह विविधीकरण सुनिश्चित करता है कि आपके धन-निर्माण के प्रयास केवल आय के एक स्रोत से बंधे नहीं हैं, और यह आपके लिए काम करने वाली पूंजी की कुल मात्रा को बढ़ाकर प्रक्रिया को तेज करता है।

मैंने शुरू से ही अपनी आय में विविधता लाने पर ध्यान केंद्रित किया, न केवल अपने काम से सक्रिय आय अर्जित की, बल्कि स्टॉक, रियल एस्टेट और अन्य उद्यमों में निवेश से निष्क्रिय आय भी अर्जित की। धन-निर्माण में तेजी लाने में चुनौती यह पता लगाना है कि आय के कई स्रोतों को कैसे जोड़ा जाए और यह सुनिश्चित किया जाए कि वे अच्छी तरह से प्रबंधित हों और आपके समग्र लक्ष्यों के साथ संरेखित हों।

6. जोखिम लेने की भूमिका

फेसबुक के सह-संस्थापक मार्क जुकरबर्ग ने कहा है, *"सबसे बड़ा जोखिम कोई जोखिम न लेना है।"*

तेजी से संपत्ति बनाने में अक्सर परिकलित जोखिम लेना शामिल होता है। पारंपरिक धन-निर्माण के विपरीत, जो क्रमिक संचय और दीर्घकालिक स्थिरता पर केंद्रित है, तेजी से धन-निर्माण रणनीतियों में अक्सर उच्च जोखिम लेने की इच्छा शामिल होती है। इन जोखिमों में नए या सट्टा उद्यमों में निवेश करना, अधिक लाभ उठाना, या उच्च-इनाम के अवसरों की खोज करना शामिल हो सकता है।

हालाँकि, इसका मतलब लापरवाह जुआ नहीं है। इसके बजाय, चुनौती यह सीखने में है कि स्मार्ट, अच्छी तरह से शोध किए गए जोखिम कैसे उठाए जाएं। वर्षों से, मैंने उभरते बाजारों या नवीन उत्पादों के मुख्यधारा बनने से पहले उनमें निवेश करके परिकलित जोखिम उठाए हैं। धन-निर्माण में चुनौती यह जानना है कि कब छलांग लगानी है और कब इंतजार करना है, लेकिन हमेशा यह सुनिश्चित करना है कि आप डेटा और शोध के आधार पर निर्णय ले रहे हैं, न कि भावनाओं के आधार पर।

7. अल्पकालिक सोच के नुकसान से बचना

तेजी से संपत्ति बनाने के सबसे कठिन पहलुओं में से एक अल्पकालिक लाभ पर ध्यान केंद्रित करने का प्रलोभन है। वित्तीय दुनिया ऐसे रुझानों से भरी है जो तत्काल परिणाम का वादा करते हैं, लेकिन ये अक्सर क्षणभंगुर होते हैं और खराब निर्णय लेने का कारण बन सकते हैं। अपनी यात्रा में, मैंने सीखा कि सच्चा धन आवेगपूर्ण या सट्टा चालों से नहीं, बल्कि रणनीतिक धैर्य और समय पर कार्रवाई के संयोजन से बनता है।

चुनौती दीर्घकालिक वित्तीय लक्ष्यों पर ध्यान केंद्रित रखने की है, भले ही आकर्षक अल्पकालिक अवसर मौजूद हों। तेजी से संपत्ति बनाने के लिए दीर्घकालिक परिप्रेक्ष्य से अवसरों का आकलन करने में सक्षम होने की आवश्यकता होती है, साथ ही उन्हें जब्त करने के लिए पर्याप्त तेजी से कार्य करने की आवश्यकता होती है।

8. भावनात्मक नियंत्रण और आवेगपूर्ण निर्णयों से बचना

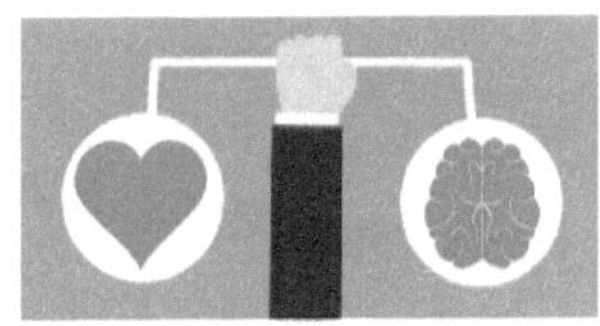

तेजी से धन बनाने में सबसे महत्वपूर्ण बाधाओं में से एक भावनात्मक नियंत्रण है। वित्तीय बाज़ार अनिश्चितता, अस्थिरता और प्रलोभन से भरे हुए हैं। भय और लालच दो भावनाएँ हैं जो अन्यथा अच्छी धन-निर्माण रणनीति को पटरी से उतार सकती हैं। अपनी यात्रा के आरंभ में, मैंने बाजार में गिरावट के दौरान डरने या तेजी के बाजार के दौरान मुनाफे का पीछा करने के बजाय तर्क और विश्लेषण के आधार पर निर्णय लेने के महत्व को सीखा।

चुनौती ध्यान केंद्रित रहने और बाजार के उतार-चढ़ाव पर आवेगपूर्ण प्रतिक्रिया न करने के लिए मानसिक अनुशासन विकसित करने में है। शांत दिमाग रखना, अपनी रणनीति पर कायम रहना और भावनाओं के बजाय डेटा के आधार पर निर्णय लेना, धन-निर्माण में तेजी लाने की कुंजी है।

निष्कर्ष: तेजी से धन बनाना रणनीति और अनुशासन का मामला है

धन का निर्माण करना अपने आप में स्वभाविक रूप से कठिन नहीं है - जो चीज इसे चुनौतीपूर्ण बनाती है वह है प्रक्रिया को तेज

करना। इसके लिए ज्ञान, अनुशासन, रणनीतिक जोखिम लेने और भावनात्मक नियंत्रण के मिश्रण की आवश्यकता होती है।

सफलता की कुंजी आपके पास मौजूद समय का सदुपयोग करने, सोच-समझकर निर्णय लेने और अपने दृष्टिकोण में अनुशासित रहने में निहित है। हालांकि यात्रा चुनौतीपूर्ण हो सकती है, वित्तीय स्वतंत्रता और धन-निर्माण के पुरस्कार प्रयास के लायक हैं, और सही दृष्टिकोण के साथ, आप जितना सोच सकते हैं उससे कहीं अधिक तेजी से वित्तीय सफलता प्राप्त कर सकते हैं।

अध्याय - 3

मेरी अपनी यात्रा से, मैं ये अंतर्दृष्टि (Insights) प्रदान करता हूं:

बी) धन सृजन की प्रक्रिया 99% मानसिकता और स्वभाव के बारे में है, और केवल 1% बुद्धिमत्ता के बारे में है।

धन सृजन की प्रक्रिया व्यक्ति की मानसिकता और स्वभाव से अत्यधिक प्रभावित होती है, जो यात्रा में लगभग 99% योगदान देती है, जबकि बुद्धिमत्ता एक छोटी भूमिका निभाती है, जो केवल 1% होती है। यह सोच दिखाती है कि वित्तीय सफलता में दिमागी योग्यता से ज्यादा मनोवैज्ञानिक और भावनात्मक पहलू जरूरी होते हैं।

धन-संपत्ति निर्माण में आने वाली अनिवार्य चुनौतियों और असफलताओं को पार करने के लिए एक सशक्त और सकारात्मक मानसिकता आवश्यक है। यह धैर्य को बढ़ावा देती है, जिससे व्यक्ति अल्पकालिक उतार-चढ़ाव और अनिश्चितताओं के बावजूद अपने दीर्घकालिक वित्तीय लक्ष्यों पर केंद्रित रह सकता है। यह मानसिकता अनुशासित बचत और निवेश, निरंतर सीखने की प्रतिबद्धता, और बदलते बाजार परिवेश के अनुसार खुद को ढालने की क्षमता पर आधारित होती है।

स्वभाव भी एक महत्वपूर्ण भूमिका निभाता है, खासकर इसमें कि कोई व्यक्ति तनाव और वित्तीय जोखिम पर कैसे प्रतिक्रिया करता है। एक संतुलित स्वभाव फोकस और निष्पक्षता बनाए रखने में मदद करता है, भावनात्मक निर्णय लेने से रोकता है जिससे खराब वित्तीय विकल्प हो सकते हैं। सभी स्थितियों में संयमित और

व्यावहारिक बने रहने की क्षमता, एक योगी की तरह जो स्थितप्रज्ञ (गहन और संतुलित निर्णय की स्थिति) का प्रतीक है, किसी के वित्तीय लक्ष्यों के अनुरूप रणनीतिक निर्णय लेने के लिए महत्वपूर्ण है।

इसके विपरीत, बुद्धि उपयोगी होते हुए भी समीकरण का केवल एक छोटा सा हिस्सा है। यह जटिल वित्तीय साधनों और बाज़ारों को समझने में सहायता कर सकता है, लेकिन सही मानसिकता और स्वभाव के बिना, सबसे बुद्धिमान व्यक्ति भी धन प्राप्त करने और बनाए रखने के लिए संघर्ष कर सकते हैं। यह इस बात पर प्रकाश डालता है कि धन सृजन में सफलता तकनीकी ज्ञान के बारे में कम और मनोवैज्ञानिक लचीलेपन और भावनात्मक बुद्धिमत्ता के बारे में अधिक है।

अध्याय - 4

मेरी अपनी यात्रा से,मैं ये अंतर्दृष्टि प्रदान करता हूं:

ग) एक योगी के समान मानसिकता अपनाएं - जीवन के उतार-चढ़ाव के दौरान संतुलित रहें और अपने दीर्घकालिक दृष्टिकोण के प्रति प्रतिबद्ध रहें।

एक योगी के समान मानसिकता अपनाना - जो जीवन के उतार-चढ़ाव के दौरान संतुलन और स्थिरता की विशेषता है - धन सृजन में दीर्घकालिक सफलता के लिए महत्वपूर्ण है। यह दर्शन बाहरी परिस्थितियों की परवाह किए बिना शांत और केंद्रित स्वभाव बनाए रखने पर जोर देता है, जो निवेश और धन प्रबंधन के अस्थिर क्षेत्रों से निपटने में महत्वपूर्ण है।

योगी जैसी मानसिकता में गहरी आत्म-जागरूकता और अनुशासन विकसित करना शामिल है, जो व्यक्तियों को अल्पकालिक बाजार के उतार-चढ़ाव और भावनात्मक आवेगों से अलग होने की अनुमति देता है जो जल्दबाजी में निर्णय ले सकते हैं। भावनात्मक रूप से संतुलित रहकर, कोई व्यक्ति डर या लालच से प्रभावित हुए बिना रणनीतिक वित्तीय योजना का अधिक प्रभावी ढंग से पालन कर सकता है जो अक्सर कम अनुशासित निवेशकों के निवेश निर्णयों को बाधित करता है।

दीर्घकालिक दृष्टिकोण के प्रति प्रतिबद्ध रहना इस मानसिकता का एक और महत्वपूर्ण पहलू है। इसके लिए किसी के वित्तीय लक्ष्यों की स्पष्ट समझ और दीर्घकालिक निवेश को देखने के धैर्य की आवश्यकता होती है, भले ही वे अल्पावधि में खराब प्रदर्शन करते

हों। यह दीर्घकालिक दृष्टिकोण यह सुनिश्चित करता है कि निर्णय तत्काल लाभ के बजाय अंतिम परिणामों पर ध्यान केंद्रित करके किए जाते हैं, जिससे अक्सर अधिक टिकाऊ धन संचय होता है।

इसके अलावा, यह योगी मानसिकता जीवन और वित्त के प्रति समग्र दृष्टिकोण को प्रोत्साहित करती है। यह एक ऐसी जीवनशैली को बढ़ावा देता है जो न केवल वित्तीय संचय पर बल्कि व्यक्तिगत विकास, स्वास्थ्य और कल्याण पर भी केंद्रित है। यह संतुलित जीवनशैली तनाव को कम करने और सूचित वित्तीय निर्णय लेने के लिए आवश्यक मानसिक स्पष्टता बनाए रखने में मदद करती है, इस प्रकार धन प्राप्त करने और बनाए रखने के लिए एक स्थायी मार्ग का समर्थन करती है।

अध्याय - 5

मेरी अपनी यात्रा से, मैं ये अंतर्दृष्टि (Insights) प्रदान करता हूं:

घ) आपके दृष्टिकोण में सरलता से अधिक प्रभावी धन सृजन हो सकता है

कई बार, सबसे अच्छा निवेश निर्णय कोई कदम न उठाना होता है।

जब संपत्ति बनाने की बात आती है, तो अक्सर यह गलत धारणा होती है कि जटिलता ही सफलता की कुंजी है। बहुत से लोग मानते हैं कि वित्तीय स्वतंत्रता प्राप्त करने के लिए जटिल रणनीतियाँ, उच्च जोखिम वाले निवेश और निरंतर बाज़ार विश्लेषण आवश्यक हैं। हालाँकि, अपने स्वयं के अनुभव के आधार पर, मैंने पाया है कि सादगी न केवल प्रभावी है - यह अक्सर दीर्घकालिक धन सृजन के लिए सबसे शक्तिशाली दृष्टिकोण है। यहां बताया गया है कि वित्तीय सफलता के लिए एक सरल, केंद्रित रणनीति आपकी सबसे विश्वसनीय राह क्यों हो सकती है।

1. केंद्रित लक्ष्यों की शक्ति

प्रभावी धन सृजन की दिशा में पहला कदम स्पष्ट और केंद्रित वित्तीय लक्ष्य रखना है। ठोस, मापने योग्य लक्ष्य निर्धारित करने की सरलता आपको अपने प्रयासों को सुव्यवस्थित करने और

विकर्षणों (Distractions) से बचने की अनुमति देती है। आपके रास्ते में आने वाले हर अवसर या निवेश का पीछा करने की कोशिश करने के बजाय, सादगी आपको आवश्यक चीजों पर ध्यान केंद्रित करने के लिए प्रोत्साहित करती है - जो वास्तव में लंबे समय में मायने रखती है।

उदाहरण के लिए, जब मैंने शुरुआत की, तो मैंने निर्धारित वर्षों के भीतर वित्तीय स्वतंत्रता हासिल करना अपना लक्ष्य बना लिया। मैंने बहुत सारे अलग-अलग बाज़ारों में जाकर या हर नए चलन को आगे बढ़ाने की कोशिश करके अपनी योजना को जटिल नहीं बनाया। मैं अपना लक्ष्य जानता था, और मैंने अपनी रणनीति सरल रखी: लगातार बचत करें, बुद्धिमानी से निवेश करें, और मुनाफे का पुनर्निवेश करें। इस सीधी योजना पर अपना ध्यान केंद्रित करके, मैं एक स्थिर पाठ्यक्रम बनाए रख सकता हूं और अल्पकालिक उतार-चढ़ाव के शोर से बच सकता हूं।

2. अपनी निवेश रणनीति को सरल बनाना

धन सृजन में सरलता का सबसे बड़ा लाभ यह है कि यह आपकी निवेश रणनीति में स्पष्टता प्रदान करता है। संपत्ति बनाने के लिए आपको विदेशी परिसंपत्तियों (exotic assets), उच्च जोखिम वाले निवेश और अनगिनत डेरिवेटिव के मिश्रण से भरे जटिल पोर्टफोलियो की आवश्यकता नहीं है। वास्तव में, अच्छी तरह से शोधित, स्थिर परिसंपत्तियों का एक सरल, विविध पोर्टफोलियो आपको समय के साथ पर्याप्त से अधिक विकास क्षमता प्रदान कर सकता है।

मैंने व्यक्तिगत रूप से कुछ ठोस परिसंपत्ति वर्गों - इक्विटी, बांड और रियल एस्टेट - पर ध्यान केंद्रित किया क्योंकि वे मेरे

दीर्घकालिक लक्ष्यों के अनुरूप थे और अपेक्षाकृत कम जटिलता के साथ लगातार रिटर्न की पेशकश करते थे।

समय के साथ, मैंने अन्य कम-रखरखाव वाले निवेश जैसे लाभांश-भुगतान (dividend-paying) वाले स्टॉक और इंडेक्स फंड जोड़े। अत्यधिक जटिल निवेशों से बचकर या बाजार के समय के अनुसार लगातार प्रयास करके, मैंने यह सुनिश्चित किया कि मेरा पोर्टफोलियो प्रबंधनीय बना रहे और अत्यधिक व्यापार या सट्टेबाजी के तनाव के बिना विकास पर केंद्रित रहे।

3. सरल, विविध दृष्टिकोण से जोखिम कम करना

सरलता का मतलब जोखिम को नज़रअंदाज करना नहीं है - इसका मतलब है इसे समझना और इसे इस तरह से कम करना कि इसे प्रबंधित करना आसान हो। धन सृजन के लिए एक सरल दृष्टिकोण में अक्सर विविधीकरण शामिल होता है, लेकिन पोर्टफोलियो को अधिक जटिल किए बिना। उदाहरण के लिए, मैंने यह सुनिश्चित करने पर ध्यान केंद्रित किया कि मेरा निवेश विभिन्न क्षेत्रों और परिसंपत्ति वर्गों में फैला हुआ था, लेकिन मैं बहुत सारे विशिष्ट बाजारों या सट्टा उद्यमों में निवेश करके अति नहीं गया।

रियल एस्टेट, ब्रॉड-मार्केट म्यूचुअल फंड और स्टॉक जैसी मुख्य परिसंपत्तियों में अपने निवेश को विविधता प्रदान करके, मैंने खुद पर अधिक दबाव डाले बिना जोखिम को कम कर दिया। मुझे सैकड़ों छोटे, सट्टा निवेशों पर नज़र रखने की ज़रूरत महसूस नहीं हुई। इसके बजाय, मैंने अपनी रणनीति को सरल रखा, अपने निवेश को विभिन्न, स्थिर अवसरों में फैलाया जो मेरी जोखिम सहनशीलता और वित्तीय लक्ष्यों के साथ संरेखित थे।

इस सरल विविधीकरण रणनीति की सुंदरता यह है कि यह आपको किसी एकल, उच्च जोखिम वाली संपत्ति के जोखिम को

कम करते हुए बाजार की वृद्धि का लाभ उठाने की अनुमति देती है। लंबे समय में, यह आपके धन की रक्षा कर सकता है और अधिक टिकाऊ विकास को जन्म दे सकता है।

4. समय के साथ नियमित रूप से बचत और निवेश करें

सरलता की एक और कुंजी निरंतरता है। धन निर्माण के लिए जटिल रणनीतियों की आवश्यकता नहीं होती है - इसके लिए नियमित रूप से बचत और निवेश करने के अनुशासन की आवश्यकता होती है। हर महीने पैसे को एक तरफ रखने का सरल कार्य, भले ही थोड़ी मात्रा में, आपको समय के साथ धीरे-धीरे धन बनाने की अनुमति देता है। वास्तव में, समय के साथ लगातार योगदान अक्सर बाजार को समयबद्ध करने या बड़े, कम निवेश करने की कोशिश से बेहतर परिणाम देता है।

अपनी यात्रा में, मैंने हर महीने अपनी आय का एक निश्चित प्रतिशत निवेश के लिए अलग रखने की आदत बना ली। मुझे बाज़ार का समय जानने की कोशिश करने या बाज़ार ऊपर या नीचे होने की चिंता नहीं थी। मैंने प्रक्रिया पर ध्यान केंद्रित किया-लगातार बने रहना और यह सुनिश्चित करना कि मैं हमेशा अपने दीर्घकालिक लक्ष्यों के लिए निवेश कर रहा हूं। समय के साथ, यह नियमित आदत मेरी धन सृजन रणनीति की आधारशिला बन गई। इसे सरल और अनुशासित रखकर, मैं लगातार एक बढ़ता हुआ पोर्टफोलियो बनाने में सक्षम हुआ।

5. कंपाउंडिंग के माध्यम से समय को अपने लिए काम करने दें

कंपाउंडिंग की अवधारणा (Concept) धन सृजन में सबसे सरल लेकिन शक्तिशाली उपकरणों में से एक है। जब आप चीजों को सरल रखते हैं और नियमित रूप से निवेश करते हैं, तो समय के साथ आपका रिटर्न बढ़ता है, जिसका अर्थ है कि आप अपने शुरुआती निवेश और उससे उत्पन्न रिटर्न दोनों पर रिटर्न कमाते हैं। आपका पैसा जितने लंबे समय तक निवेशित रहेगा, चक्रवृद्धि का प्रभाव उतना ही महत्वपूर्ण हो जाएगा।

मेरे मामले में, मैंने यह सुनिश्चित किया कि मुझे प्राप्त कोई भी रिटर्न या लाभांश मेरे पोर्टफोलियो में वापस निवेश कर दिया जाए। मुनाफे को फिर से निवेश करने के इस सरल कार्य ने चक्रवृद्धि के जादू को मेरी संपत्ति में तेजी लाने की अनुमति दी। पैसे निकालकर या अपने पोर्टफोलियो में जटिल समायोजन करके मामले को जटिल बनाने के बजाय, मैंने चक्रवृद्धि की शक्ति पर भरोसा किया और अपने निवेश को समय के साथ स्वाभाविक रूप से बढ़ने दिया।

6. अटकलों के भटकाव से बचना

कई निवेशकों के लिए एक आम समस्या सट्टेबाजी के अवसरों में फंसना है जो त्वरित लाभ का वादा करते प्रतीत होते हैं। जबकि जटिल रणनीतियाँ, उच्च जोखिम वाले निवेश, या सट्टा बुलबुले का पीछा करना रोमांचक लग सकता है, वे अक्सर उच्च स्तर के जोखिम के साथ आते हैं जो दीर्घकालिक धन सृजन को कमजोर करते हैं।

चीजों को सरल रखने का मतलब है इन विकर्षणों से बचना और स्थिर, विश्वसनीय निवेश पर ध्यान केंद्रित करना जो आपके लक्ष्यों के अनुरूप हों।

मैंने प्रत्यक्ष रूप से देखा है कि "गर्म" अवसरों की ओर आकर्षित होना कितना आसान है - चाहे वह एक आशाजनक स्टॉक का पीछा करना हो, किसी प्रवृत्ति में निवेश करना हो, या उच्च जोखिम वाली अटकलों में खरीदारी करना हो। हालाँकि, मैंने हमेशा बड़ी तस्वीर पर अपनी नज़र रखी, त्वरित जीत का पीछा करने के प्रलोभन का विरोध किया और इसके बजाय ठोस निवेश पर कायम रहा, जिसे मैं अच्छी तरह से समझता था। फोकस में इस सरलता ने मुझे आवेगपूर्ण निर्णय लेने से बचने और इसके बजाय इस तरह से धन बनाने की अनुमति दी जो सुसंगत और टिकाऊ दोनों हो।

7. तनाव कम करना और स्पष्टता प्राप्त करना

सादगी तनाव और जटिलता को कम करने में भी महत्वपूर्ण भूमिका निभाती है जो अक्सर धन सृजन के साथ हो सकती है। वित्तीय बाज़ार अनिश्चितता से भरे हुए हैं, और जटिल, उच्च जोखिम वाली परिसंपत्तियों के पोर्टफोलियो को प्रबंधित करने की कोशिश से रातों की नींद हराम हो सकती है और भावनात्मक निर्णय लिए जा सकते हैं। चीजों को सरल रखकर, आप स्पष्टता और मन की शांति प्राप्त कर सकते हैं, यह जानकर कि आपकी वित्तीय रणनीति को प्रबंधित करना और आपके दीर्घकालिक लक्ष्यों के साथ संरेखित करना आसान है।

जब आप एक सरल दृष्टिकोण अपनाते हैं, तो आपको निवेश की निरंतर निगरानी या बाजार के हर उतार-चढ़ाव के बारे में चिंता

करने की आवश्यकता कम हो जाती है। एक स्पष्ट, सीधी रणनीति के साथ, आप बाज़ार में उतार-चढ़ाव होने पर भी शांत और केंद्रित रहने में बेहतर सक्षम होंगे। इससे धन प्रबंधन का भावनात्मक तनाव कम हो जाता है और आपको अच्छे वित्तीय निर्णय लेने के लिए आवश्यक मानसिक स्पष्टता मिलती है।

8. दीर्घकालिक स्थिरता और विकास

स्थायी संपत्ति बनाने की कुंजी स्थिरता है। आपके दृष्टिकोण में सरलता दीर्घकालिक स्थिरता को बढ़ावा देती है, क्योंकि यह आपको अल्पकालिक रुझानों या जटिल वित्तीय साधनों से विचलित हुए बिना एक स्थिर पाठ्यक्रम बनाए रखने की अनुमति देती है। धन बनाना तेज दौड़ नहीं है; यह एक मैराथन है. आपका दृष्टिकोण जितना अधिक सीधा और सुसंगत होगा, उतनी ही अधिक संभावना है कि आप समय के साथ धन का निर्माण करेंगे और उन नुकसानों से बचेंगे जो कई निवेशकों को पटरी से उतार देते हैं।

कई वर्षों तक लगातार लागू की जा सकने वाली सरल रणनीतियों पर ध्यान केंद्रित करके, आपके पास स्थायी संपत्ति बनाने की अधिक संभावना है। इससे आप न केवल वित्तीय सफलता प्राप्त कर सकते हैं, बल्कि इसे बनाए रख सकते हैं और इसे भावी पीढ़ियों तक पहुंचा सकते हैं, जो अंततः सच्चे धन सृजन का लक्ष्य है।

निष्कर्ष: सरल रणनीतियाँ शक्तिशाली परिणामों की ओर ले जाती हैं

धन का निर्माण जटिल नहीं होना चाहिए। वास्तव में, सादगी अक्सर अधिक प्रभावी और टिकाऊ धन सृजन की ओर ले जाती है। स्पष्ट लक्ष्यों, निरंतर निवेश, विविधीकरण और चक्रवृद्धि की शक्ति पर ध्यान केंद्रित करके, आप अनावश्यक जटिलता में फंसे बिना वित्तीय सफलता प्राप्त कर सकते हैं। धन सृजन के लिए एक सरल, अनुशासित दृष्टिकोण का पालन करके, आप अपनी वित्तीय यात्रा को तेज कर सकते हैं और स्थायी समृद्धि का निर्माण कर सकते हैं।

अध्याय - 6

सबसे अच्छा समय अभी आना बाकी है: शेयर बाजार में भारत का उज्ज्वल भविष्य

जब भारत के शेयर बाजार में निवेश के लिए सबसे अच्छे समय के बारे में पूछा गया, तो अनुभवी शेयर बाजार डीलर और डी-मार्ट के प्रमोटर, श्री राधाकृष्ण दमानी, जिनकी व्यक्तिगत संपत्ति ₹70,000 करोड़ (8300 मिलियन डॉलर) से अधिक है, ने एक सरल लेकिन प्रभावशाली उत्तर दिया:

"अगले 20 साल।"

यह कथन केवल एक व्यक्ति की राय नहीं है; यह कई विशेषज्ञों द्वारा साझा की गई व्यापक भावना को दर्शाता है जो मानते हैं कि भारत अगले दो दशकों में बड़े पैमाने पर विकास के लिए विशिष्ट स्थिति में है। आइए जानें कि इस अवधि को भारत के वित्तीय बाजारों में निवेश करने के लिए सबसे रोमांचक समय में से एक क्यों माना जाता है और क्यों असफलताएं, हालांकि अनिवार्य हैं, देश के दीर्घकालिक ऊर्ध्वगामी पथ को पटरी से नहीं उतारेंगी।

1. भारत की तीव्र आर्थिक वृद्धि

भारत पहले से ही दुनिया की सबसे तेजी से बढ़ती अर्थव्यवस्थाओं में से एक है, और इसका आर्थिक विस्तार कई वर्षों तक जारी रहने की उम्मीद है। वैश्विक चुनौतियों के बावजूद भी देश की जीडीपी वृद्धि मजबूत बनी हुई है। युवा और बढ़ते कार्यबल के साथ भारत के जनसांख्यिकीय लाभ ने नवाचार, उद्यमिता और रोजगार सृजन के लिए उपजाऊ जमीन तैयार की है। इसके अलावा, बुनियादी ढांचे के विकास, डिजिटल परिवर्तन और व्यापार करने में आसानी पर सरकार के फोकस ने देश की आर्थिक प्रगति में महत्वपूर्ण योगदान दिया है।

अगले दो दशकों (Decades) में, भारत जापान और जर्मनी जैसे प्रमुख खिलाड़ियों को पछाड़कर दुनिया की तीसरी सबसे बड़ी अर्थव्यवस्था बनने की ओर अग्रसर है। यह वृद्धि अनिवार्य रूप से प्रौद्योगिकी (technology), स्वास्थ्य देखभाल, उपभोक्ता वस्तुओं (consumer goods), रियल एस्टेट और वित्तीय सेवाओं सहित विभिन्न क्षेत्रों में मांग को बढ़ाएगी। बढ़ती डिस्पोजेबल आय के साथ-साथ भारत के मध्यम वर्ग की वृद्धि, उत्पादों और सेवाओं की एक विस्तृत श्रृंखला की मांग को बढ़ाएगी, जिससे भारतीय व्यवसायों का विस्तार होगा और निवेशकों के लिए धन का सृजन होगा।

2. असफलताएँ और लचीलापन: अतीत से सबक

असफलताओं के बारे में श्री दमानी की टिप्पणी एक महत्वपूर्ण बिंदु पर प्रकाश डालती है: असफलताएँ किसी भी बाजार या अर्थव्यवस्था का स्वाभाविक हिस्सा हैं।

अधिक महत्वपूर्ण यह है कि देश और उसके बाज़ार सहभागी इन चुनौतियों पर कैसे प्रतिक्रिया देते हैं। भारत का इतिहास उन चुनौतियों से भरा पड़ा है जो उस समय दुर्गम लगती थीं, फिर भी देश ने हमेशा मजबूती से वापसी की है, इसकी अर्थव्यवस्था और शेयर बाजार लगातार ठीक हो रहे हैं और नई ऊंचाइयों पर पहुंच रहे हैं।

3. 1990 के दशक का आर्थिक संकट और सुधार

1990 के दशक की शुरुआत में, भारत को भुगतान संतुलन के गंभीर संकट का सामना करना पड़ा, जिसके परिणामस्वरूप देश की सरकार ने अर्थव्यवस्था को उदार बनाने के लिए साहसिक कदम उठाए। 1991 में आर्थिक सुधारों की शुरूआत, जिसमें व्यापार बाधाओं को कम करना, विदेशी निवेश को बढ़ावा देना और राज्य के स्वामित्व वाली कंपनियों (state-owned companies) का निजीकरण शामिल था, ने भारत की आर्थिक उन्नति का मार्ग प्रशस्त किया। शेयर बाज़ार, जो आम भारतीय निवेशक के लिए काफी हद तक दुर्गम था, अगले दशकों में तेजी से बढ़ा।

4. डॉट-कॉम बबल और वैश्विक वित्तीय संकट

2000 का दशक डॉट-कॉम बबल के फटने और उसके बाद 2008 की वैश्विक वित्तीय संकट (Global Financial Crisis - GFC) से चिह्नित था। भारत ने भी दुनिया के बाकी हिस्सों की तरह इन घटनाओं के प्रभाव को महसूस किया।

हालाँकि, शेयर बाज़ार में अल्पकालिक उथल-पुथल के बावजूद, भारत की दीर्घकालिक आर्थिक बुनियाद बरकरार रही। संकट के बाद के वर्षों में देश के शेयर बाजार में जोरदार उछाल आया, सेंसेक्स और निफ्टी सूचकांक नई ऊंचाई पर पहुंच गए। जिन कंपनियों ने वैश्विक परिवर्तनों को अपना लिया था और नवप्रवर्तन (innovation) पर ध्यान केंद्रित किया था, वे इस अवधि के दौरान फली-फूली, जिससे उन निवेशकों को लाभ मिला जो धैर्यवान बने रहे और दीर्घकालिक क्षितिज पर ध्यान केंद्रित किया।

5. कोविड-19 महामारी

COVID-19 महामारी एक और बड़ा झटका थी जिसने वैश्विक अर्थव्यवस्था को प्रभावित किया, जिससे दुनिया भर के शेयर बाजारों में भारी गिरावट आई। भारत का शेयर बाजार इस झटके से अछूता नहीं रहा, लेकिन महामारी के बाद की रिकवरी उल्लेखनीय से कम नहीं है। तेजी से टीकाकरण अभियान के साथ सरकार के प्रोत्साहन पैकेजों ने उपभोक्ता विश्वास और औद्योगिक उत्पादन को पुनर्जीवित करने में मदद की। प्रौद्योगिकी (technology), ई-कॉमर्स, फार्मास्यूटिकल्स और नवीकरणीय ऊर्जा सहित कई क्षेत्रों में महामारी के बाद से जबरदस्त वृद्धि देखी गई है, जो भारतीय बाजार के लचीलेपन को साबित करता है।

अध्याय - 7

भारत का उज्ज्वल भविष्य: विकास के प्रमुख चालक

भारत की दीर्घकालिक विकास की कहानी केवल पिछली असफलताओं से उबरने के बारे में नहीं है, बल्कि उन स्थायी कारकों (factors) के बारे में है जो इसके आर्थिक और बाजार विकास को आगे बढ़ाते रहेंगे:

1. जनसांख्यिकीय लाभांश

भारत की 1.4 अरब से अधिक की आबादी में बड़ी संख्या में युवा शामिल हैं जो कार्यबल में प्रवेश कर रहे हैं। यह जनसांख्यिकीय लाभांश विकास के लिए एक शक्तिशाली इंजन प्रदान करता है, क्योंकि युवा आबादी उच्च उत्पादकता, अधिक नवाचार और बढ़ी हुई खपत की ओर ले जाती है। जैसे-जैसे अधिक युवा उच्च स्तर की शिक्षा प्राप्त करेंगे और उभरते उद्योगों में कौशल हासिल करेंगे, भारत अपने आर्थिक विस्तार को बढ़ावा देना जारी रखेगा।

2. डिजिटल परिवर्तन

भारत का डिजिटल परिवर्तन पहले से ही चल रहा है, देश दुनिया की सबसे बड़ी डिजिटल अर्थव्यवस्थाओं में से एक के रूप में उभर रहा है। डिजिटल इंडिया के लिए सरकार का जोर, फिनटेक, ई-कॉमर्स और मोबाइल प्रौद्योगिकी के उदय के साथ-साथ व्यवसायों और निवेशकों के लिए नए अवसर पैदा कर रहा है। शिक्षा, स्वास्थ्य सेवा और विनिर्माण सहित विभिन्न क्षेत्रों में

प्रौद्योगिकी को तेजी से अपनाने के साथ डिजिटल अर्थव्यवस्था की वृद्धि, अर्थव्यवस्था को आगे बढ़ाती रहेगी।

3. बुनियादी ढांचे का विकास

भारत सरकार ने परिवहन नेटवर्क से लेकर ऊर्जा उत्पादन तक बुनियादी ढांचे में सुधार लाने में महत्वपूर्ण प्रगति की है। सड़कों, रेलवे, बंदरगाहों और हवाई अड्डों में सुधार पर ध्यान देने से बेहतर कनेक्टिविटी, लागत कम होगी और अर्थव्यवस्था में उत्पादकता बढ़ेगी। इसके अलावा, स्मार्ट शहरों और शहरीकरण के विकास से रियल एस्टेट डेवलपर्स और बुनियादी ढांचा कंपनियों के लिए निवेश के नए अवसर पैदा होंगे।

4. वैश्वीकरण और व्यापार समझौते

अगले दो दशकों में वैश्विक अर्थव्यवस्था में भारत का एकीकरण गहरा होने की उम्मीद है। जैसे-जैसे दुनिया अधिक विविध आपूर्ति श्रृंखलाओं और क्षेत्रीय व्यापार समझौतों की ओर बढ़ रही है, विनिर्माण केंद्र और व्यापार भागीदार के रूप में भारत की भूमिका बढ़ती रहेगी। विभिन्न देशों और क्षेत्रों के साथ व्यापार समझौतों पर बातचीत करने के सरकार के प्रयासों से भारतीय कंपनियों और निवेशकों के लिए नए बाजार खुलेंगे।

5. पर्यावरणीय स्थिरता

भारत के विकास में स्थिरता एक प्रमुख विषय बन रही है।

देश सौर ऊर्जा में अग्रणी बनने सहित नवीकरणीय ऊर्जा उत्पादन के महत्वाकांक्षी लक्ष्यों के लिए प्रतिबद्ध है। जैसे-जैसे भारत हरित अर्थव्यवस्था (green economy) की ओर आगे बढ़ेगा, स्वच्छ ऊर्जा, इलेक्ट्रिक वाहनों और अन्य पर्यावरण अनुकूल प्रौद्योगिकियों में निवेश के अवसर बढ़ेंगे। सरकारी नीति और बाजार की मांग दोनों के आधार पर इन क्षेत्रों में तेजी से विकास होगा।

अध्याय - 8

आगे की राह: अवसर और जोखिम

जबकि अगले 20 वर्षों में अपार संभावनाएं हैं, निवेशकों के लिए यह समझना महत्वपूर्ण है कि उतार-चढ़ाव भी आएंगे। जैसा कि इतिहास से पता चलता है, बाजार में अस्थिरता और आर्थिक चुनौतियाँ पैदा होंगी, लेकिन भारत का दीर्घकालिक विकास पथ मजबूत बना हुआ है। मुख्य बात यह है कि दीर्घकालिक मानसिकता के साथ निवेश करना चाहिए, यह पहचानते हुए कि अल्पकालिक गिरावट धन सृजन के रास्ते में केवल अस्थायी बाधाएं हैं।

अनुशासित, धैर्यपूर्ण दृष्टिकोण के साथ निवेश करके, बाजार चक्रों को समझकर और मजबूत विकास क्षमता वाले क्षेत्रों पर ध्यान केंद्रित करके, निवेशक भारत के उज्ज्वल भविष्य का लाभ उठाने के लिए खुद को तैयार कर सकते हैं। भारत के शेयर बाजार में निवेश करने का सबसे अच्छा समय अभी हो सकता है, क्योंकि देश विकास की यात्रा पर है जो आने वाले दशकों तक जारी रहेगी।

निष्कर्ष: भारत की अर्थव्यवस्था और शेयर बाजार के लिए एक उज्ज्वल भविष्य

भारत एक महत्वपूर्ण मोड़ पर है, जहां अभूतपूर्व अवसर सामने हैं। जनसांख्यिकीय परिवर्तन, तकनीकी प्रगति और बुनियादी ढांचे के विकास के कारण अगले 20 वर्ष तीव्र आर्थिक विकास की अवधि होने का वादा करते हैं।

हालांकि झटके आएंगे, भारत के लचीलेपन का इतिहास और इसके वर्तमान प्रक्षेप पथ से पता चलता है कि इस रास्ते पर बने रहने के इच्छुक निवेशकों के लिए भविष्य पहले से कहीं अधिक उज्जवल है।

श्री राधाकृष्णन दमानी का यह विश्वास कि अगले दो दशक भारत में निवेश करने का सबसे अच्छा समय होगा, उद्योग के कई विशेषज्ञों द्वारा साझा किया जाता है। भारतीय शेयर बाजार, जो पहले ही कई चुनौतियों का सामना कर चुका है और हर बार मजबूत होकर उभरा है, आने वाले वर्षों में और भी अधिक वृद्धि के लिए तैयार है। जो लोग दीर्घकालिक संपत्ति बनाना चाहते हैं, उनके लिए अब भारत में निवेश करने का समय आ गया है और सबसे अच्छा अभी आना बाकी है।

रु. 10 लाख से रु. 100 करोड़ तक 30 वर्षों में: कंपाउंडिंग और स्मार्ट निवेश की शक्ति

सिर्फ 30 साल में ₹10 लाख को ₹100 करोड़ में बदलना सुनने में शायद सच होने के लिए बहुत अच्छा लगे। लेकिन यह कोई जल्दी अमीर बनने की योजना नहीं है, बल्कि यह समझदारी से किए गए निवेश, चक्रवृद्धि ब्याज और समय के साथ उच्च-वृद्धि वाले अवसरों को चुनने की ताकत का नतीजा है। हालाँकि, ₹10 लाख से ₹100 करोड़ तक का यह सफर पहली नजर में "अजीब" लग सकता है, लेकिन आइए इसे विस्तार से समझते हैं और जानते हैं कि सही रणनीति अपनाकर यह वित्तीय चमत्कार पूरी तरह से संभव है।

हर तीन साल में दोगुना होने का जादू

कल्पना कीजिए कि आपने ₹10 लाख ऐसी कंपनी में निवेश किए, जिसका मुनाफा हर 3 साल में दोगुना हो जाता है। अगर यह वृद्धि दर लंबे समय तक बनी रहती है, तो आपका निवेश असाधारण रिटर्न दे सकता है। जब आपका निवेश सालाना 22% की दर से बढ़ता है, तो इसकी कीमत लगभग हर 3 साल में दोगुनी हो जाती है।

आइए देखें कि यह व्यवहार में कैसे काम करता है:

- 3 साल बाद आपका रु. 10 लाख का निवेश बढ़कर रु. 20 लाख.

- अगले 3 साल (यानी, कुल 6 साल) के बाद, यह बढ़कर रु. 40 लाख.

- 9 साल बाद यह रु. 80 लाख, हो जाता है. इत्यादि।

समय के साथ आपके पैसे की तेजी से वृद्धि जारी रहती है। यदि यह चक्र 30 वर्षों तक जारी रहता है, तो आपका मूल निवेश दोगुना **10 गुना** हो जाता है।

₹10 लाख ₹100 करोड़ कैसे बनते हैं?

यहाँ सरल गणित है:

- 10 लाख. रुपये से शुरू करें.

- 3 साल बाद, यह रु. 20 लाख.

- 6 साल बाद यह रु. 40 लाख.

- 9 साल बाद यह रु. 80 लाख.

- 12 साल बाद यह रु. 1.6 करोड़.

- 15 साल बाद यह रु. 3.2 करोड़.

- 18 साल बाद यह रु. 6.4 करोड़.

- 21 साल बाद यह रु. 12.8 करोड़.

- 24 साल बाद यह रु. 25.6 करोड़.

- 27 साल बाद यह रु. 51.2 करोड़.

- 30 साल बाद यह रु. 102.4 करोड़.

इस प्रकार, प्रति वर्ष 22% की दर से निवेश करने पर, आपका मूल निवेश रु. 10 लाख रुपये से अधिक हो जायेंगे. 30 साल में 100 करोड़. यह कंपाउंडिंग का जादू है, और यही कारण है कि उच्च-विकास वाली संपत्तियों में जल्दी और लगातार निवेश करने से समय के साथ अकल्पनीय संपत्ति बन सकती है।

अध्याय - 11

22% वार्षिक विकास दर हासिल करना: क्या यह यथार्थवादी है?

पहली नज़र में, 22% वार्षिक रिटर्न हासिल करना मुश्किल लग सकता है। यह बैंक जमा, बांड, या यहां तक कि व्यापक शेयर बाजार सूचकांक जैसे पारंपरिक, कम जोखिम वाले निवेश के रिटर्न से कहीं अधिक है। संदर्भ के लिए, **सेंसेक्स**-भारत के बेंचमार्क स्टॉक सूचकांकों में से एक-ऐतिहासिक रूप से लगभग **16%** की औसत वार्षिक दर से बढ़ा है। हालाँकि यह वृद्धि अभी भी महत्वपूर्ण है, लेकिन ऊपर बताए गए प्रकार के परिणाम प्राप्त करने के लिए आवश्यक 22% से यह बहुत कम है।

हालाँकि, प्रति वर्ष 22% रिटर्न प्राप्त करना **असंभव नहीं** है, और यहीं पर रणनीतिक निवेश से फर्क पड़ सकता है। यहां कुछ तरीके दिए गए हैं जिनसे आप उच्च रिटर्न का लक्ष्य रख सकते हैं:

1. उच्च-विकास वाली कंपनियों में निवेश करना

22% वार्षिक वृद्धि हासिल करने की कुंजी में से एक ऐसी कंपनियों को ढूंढना है जो अपनी कमाई को तेजी से बढ़ाने की क्षमता रखती हैं। ये आम तौर पर **ग्रोथ स्टॉक** होते हैं - ऐसी कंपनियाँ जो लाभांश का भुगतान करने के बजाय अपने मुनाफे को अपने व्यवसाय के विस्तार में पुनर्निवेशित करती हैं। ये कंपनियाँ प्रौद्योगिकी, ई-कॉमर्स, स्वास्थ्य सेवा या नवीकरणीय ऊर्जा जैसे उभरते उद्योगों में हो सकती हैं।

यदि आप मजबूत बिजनेस मॉडल, नेतृत्व टीम और बाजार क्षमता वाली कंपनियों की पहचान करते हैं, तो आप उनकी वृद्धि की लहर पर सवार हो सकते हैं और उनके लाभ में वृद्धि से लाभ उठा सकते हैं। यहां महत्वपूर्ण कारक मुख्यधारा बनने से पहले **इन विकास शेयरों को जल्दी पहचानने** की क्षमता है।

2. कंपाउंडिंग और लॉन्ग-टर्म होल्डिंग पर ध्यान दें

22% रिटर्न प्राप्त करने की कुंजी हर साल अगला बड़ा स्टॉक ढूंढना जरूरी नहीं है। इसके बजाय, यह **लंबी अवधि के लिए आपके निवेश को बनाए रखने** और कंपाउंडिंग को अपना जादू चलाने की अनुमति देने के बारे में है। यहां तक कि जब स्टॉक की कीमतों में उतार-चढ़ाव होता है, तब भी आपके निवेश का मूल्य बढ़ता रहता है क्योंकि कंपनी मुनाफे का पुनर्निवेश करती है और बाजार हिस्सेदारी हासिल करती है। **लाभांश और मुनाफे का पुनर्निवेश** करके, आप यह सुनिश्चित करते हैं कि आपका पैसा आपके लिए काम करता रहे।

3. विविधीकरण और परिसंपत्ति आवंटन (Asset Allocation)

जबकि व्यक्तिगत उच्च-विकास वाले शेयरों में निवेश करने से पर्याप्त रिटर्न मिल सकता है, विभिन्न क्षेत्रों और परिसंपत्ति वर्गों में **विविधता** करना भी महत्वपूर्ण है। इससे जोखिम तो कम होगा ही, साथ ही आपको उच्च-विकास के अवसरों तक पहुंच भी मिलेगी। उच्च-जोखिम, उच्च-रिटर्न निवेश (जैसे उभरते क्षेत्रों में स्टॉक) और कम-जोखिम, स्थिर संपत्ति (जैसे बांड या ब्लू-चिप स्टॉक) के बीच संतुलन अल्पावधि (short term) में उतार-चढ़ाव

को सुचारू करने में मदद कर सकता है और आपको दीर्घकालिक लाभ की स्थिति में ला सकता है।

4. भारतीय विकास गाथा में भाग लेना

भारत, विशेष रूप से, उच्च रिटर्न की तलाश करने वाले निवेशकों के लिए एक रोमांचक जगह है। देश की तीव्र आर्थिक वृद्धि, युवा और गतिशील कार्यबल और विस्तारित मध्यम वर्ग इसे व्यवसायों के फलने-फूलने के लिए एक आदर्श वातावरण बनाते हैं। जो कंपनियाँ घरेलू बाज़ार की जरूरतों को पूरा करती हैं या वैश्विक खिलाड़ी बनने के लिए तैयार हैं, वे लंबी अवधि के निवेशकों को उत्कृष्ट रिटर्न की पेशकश कर सकती हैं। कई शीर्ष प्रदर्शन करने वाली भारतीय कंपनियों-विशेष रूप से प्रौद्योगिकी, एफएमसीजी और बुनियादी ढांचे में-ने लंबी अवधि में अपनी कमाई सालाना 20% या उससे अधिक बढ़ाने की क्षमता प्रदर्शित की है।

अध्याय - 12

मार्केट करेक्शन में अवसर छूटने का भय

निवेशकों द्वारा की जाने वाली सबसे आम गलतियों में से एक है निवेश के लिए "सही" समय का इंतजार करना। कई निवेशक **सुधार** के दौरान बाजार में अपना पैसा लगाने से डरते हैं, उन्हें डर है कि कीमतों में गिरावट जारी रहेगी। हालाँकि, यह दृष्टिकोण अक्सर अवसरों को गँवा देता है, क्योंकि वे इन सुधारों की संभावनाओं को पहचानने के बजाय **बाज़ार के और गिरने का इंतज़ार करते हैं।**

सच तो यह है, **सुधार अस्थायी होते हैं।** वे बाज़ार के प्राकृतिक चक्र का हिस्सा हैं। जैसा कि इतिहास ने बार-बार साबित किया है, बाजार में उतार-चढ़ाव का अनुभव होगा, लेकिन लंबी अवधि में समग्र प्रवृत्ति ऊपर की ओर है। **विकास स्थायी है।** गिरावट निवेशकों को अच्छे गुणवत्ता वाले एसेट्स सस्ते में खरीदने का मौका देती है। जब बाज़ार में उछाल आता है (और ऐसा हमेशा होता है), तो जिन लोगों ने गिरावट के दौरान निवेश किया, उन्हें अक्सर सबसे ज़्यादा फ़ायदा होता है।

मुख्य बात यह है कि **दीर्घकालिक पर ध्यान केंद्रित रखें** और अल्पकालिक उतार-चढ़ाव में फंसने से बचें। बाज़ार हमेशा मंदी से उबरा है - चाहे 2000 की डॉट-कॉम दुर्घटना से, 2008 के वैश्विक वित्तीय संकट से, या 2020 में COVID-19 दुर्घटना से - और नई ऊँचाइयों पर पहुँच गया है।

अध्याय - 13

धैर्य क्यों महत्वपूर्ण है?

10 लाख रुपये 100 करोड़ रुपये में बदलने का जादू रातोरात नहीं होता। इसमें **समय, धैर्य और निरंतरता** की जरूरत होती है। जल्दी मुनाफा कमाने या बाजार को सही समय पर पकड़ने की कोशिश करना आकर्षक लग सकता है, लेकिन असली सफलता लंबे समय तक निवेश बनाए रखने से मिलती है। **आप जितने अधिक समय तक निवेशित रहेंगे**, आपको चक्रवृद्धि (Compounding) की शक्ति का अनुभव होने और उच्च रिटर्न प्राप्त होने की संभावना उतनी ही अधिक होगी।

इसे एक पेड़ लगाने के समान समझें: आप यह उम्मीद नहीं करते हैं कि यह तुरंत फल देगा। पेड़ को प्रचुर मात्रा में फल देने से पहले वर्षों के पोषण, पानी और विकास की आवश्यकता होती है। इसी तरह, निवेश के माध्यम से धन सृजन के लिए दीर्घकालिक दृष्टिकोण, सतत रणनीति और बाजार में सुधार के बावजूद भी पाठ्यक्रम पर बने रहने के अनुशासन की आवश्यकता होती है।

निष्कर्ष: स्मार्ट निवेश के माध्यम से धन प्राप्त करना

₹10 लाख को 30 वर्षों में ₹100 करोड़ में बदलना एक कठिन लक्ष्य हो सकता है, लेकिन यह एक सुविचारित निवेश रणनीति, उच्च-वृद्धि वाली कंपनियों पर ध्यान केंद्रित करने और बाजार सुधारों के दौरान धैर्य बनाए रखने की क्षमता के साथ पूरी तरह संभव है।

जबकि 22% वार्षिक रिटर्न प्राप्त करना चुनौतीपूर्ण हो सकता है, यह निश्चित रूप से समझदार, दीर्घकालिक निवेशकों के लिए संभावना के दायरे में है जो सही विकल्प चुनते हैं।

याद रखें, **"सुधार अस्थायी होते हैं, लेकिन वृद्धि स्थायी होती है।"** यदि आप इस मानसिकता के साथ निवेश करते हैं, एक अनुशासित, दीर्घकालिक रणनीति पर टिके रहते हैं और बड़ी तस्वीर पर अपनी नज़र रखते हैं, तो आप भी समय के साथ असाधारण धन प्राप्त कर सकते हैं।

अध्याय - 14

बाज़ार हिला? अपना कूल रखें

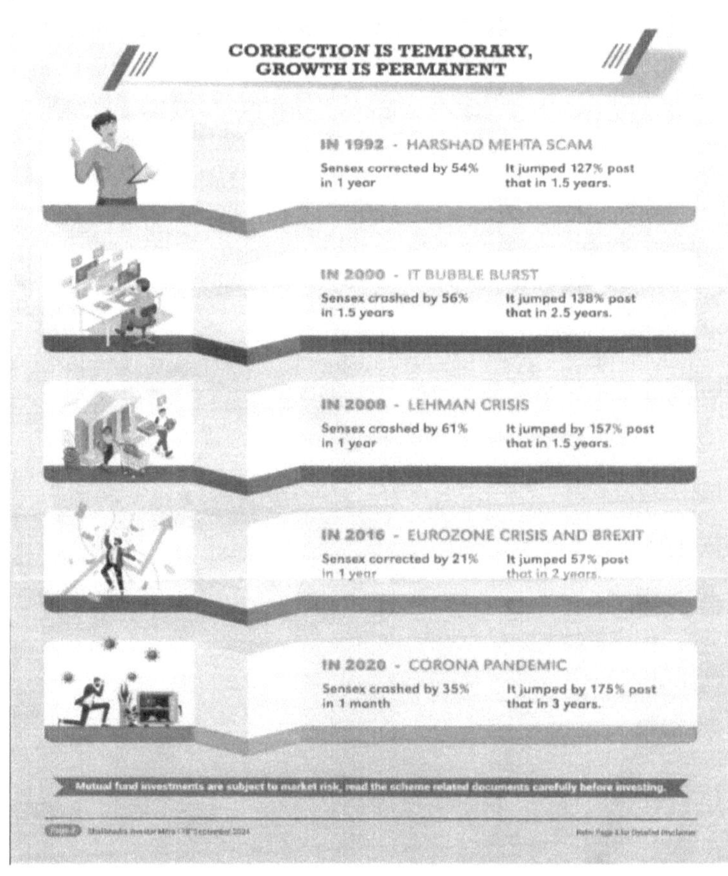

बाजार में उथल-पुथल के समय में, अभिभूत महसूस करना और जल्दबाजी में निर्णय लेने के लिए प्रलोभित होना आसान है,

लेकिन जो चीज वास्तव में सफल निवेशकों को अलग करती है वह उनका स्वभाव और दृष्टिकोण है। इन तूफानों का सामना करने के लिए आपको जटिल रणनीतियों या अत्याधुनिक निवेश सिद्धांतों की आवश्यकता नहीं है। इसके बजाय, जो सबसे महत्वपूर्ण है वह है स्थिर हाथ बनाए रखना और अपने दीर्घकालिक लक्ष्यों पर ध्यान केंद्रित रखना।

बाज़ार में गिरावट अक्सर प्राकृतिक चक्र का हिस्सा होती है, जो स्थायी विफलताओं के बजाय अस्थायी असफलताओं के रूप में कार्य करती है। ये गिरावटें, अस्थिर करते हुए, अनुशासित निवेशकों को रास्ते पर बने रहने और यहां तक कि मंदी से लाभ उठाने का अवसर प्रदान करती हैं। ऐतिहासिक रूप से, धैर्यवान निवेशक जो घबराहट से बचते हैं और बेचने की इच्छा का विरोध करते हैं, उन्हें पुरस्कृत किया गया है, क्योंकि अंततः बाजार ठीक हो जाते हैं और समय के साथ बढ़ते रहते हैं।

जब बाज़ार में उछाल आता है तो भावनात्मक प्रतिक्रियाएँ, जैसे डर के कारण बिकवाली, अक्सर अवसरों को गँवा देती हैं। मुख्य बात बड़ी तस्वीर को देखना है: अल्पकालिक अस्थिरता विकास की बड़ी कहानी में सिर्फ एक अध्याय है। शांत दिमाग रखकर, गिरावट को अस्थायी मानकर और एक सुविचारित रणनीति पर कायम रहकर, आप लंबे समय में वित्तीय सफलता हासिल करने के लिए कहीं बेहतर स्थिति में हैं।

अंततः, शांत, प्रतिबद्ध और अनुशासित रहने से निवेश में सफलता और विफलता के बीच अंतर हो सकता है।

अध्याय – 15

धन-निर्माण के मूल सिद्धांत समय की कसौटी पर खरे उतरे हैं।

बाज़ारों, अर्थव्यवस्थाओं और वित्तीय साधनों में बदलाव के बावजूद, ये मूलभूत रणनीतियाँ स्थायी वित्तीय सुरक्षा बनाने के लिए विश्वसनीय बनी हुई हैं। वे एक रोडमैप प्रदान करते हैं, जिसका पालन करने पर, पीढ़ियों तक प्रभावी साबित होता है। यहां प्रत्येक सिद्धांत पर बारीकी से नजर डाली गई है:

1. **जल्दी शुरुआत करें:** धन निर्माण में समय सबसे मूल्यवान संपत्तियों में से एक है। जल्दी शुरुआत करने से आपके निवेश को चक्रवृद्धि की शक्ति के माध्यम से बढ़ने के लिए अधिक समय मिलता है, जहां आपके निवेश पर रिटर्न अपना स्वयं का रिटर्न उत्पन्न करता है। यहां तक कि आपके 20 या 30 के दशक में किया गया छोटा, नियमित योगदान भी कई दशकों में महत्वपूर्ण रूप से बढ़ सकता है, जो अक्सर जीवन में बाद में निवेश की गई बड़ी रकम से अधिक होता है। आप जितनी जल्दी शुरुआत करेंगे, आपके पैसे को आपके लिए काम करने में उतना ही अधिक समय लगेगा, जिससे आप बाद में बड़ी मात्रा में योगदान करने के लिए कम दबाव के साथ धन संचय कर सकेंगे।

2. **नियमित रूप से बचत करें:** बचत में निरंतरता आवश्यक है। धन-संपत्ति बनाने के लिए, बाजार की स्थितियों या व्यक्तिगत परिस्थितियों की परवाह किए बिना, अपनी बचत और निवेश खातों में नियमित योगदान देना जरूरी है।

अपनी आय का एक हिस्सा नियमित रूप से अलग रखने की अनुशासित आदत विकसित करने से एक वित्तीय सुरक्षा जाल बनता है और भविष्य के निवेश के लिए एक ठोस आधार तैयार होता है।

अपने बचत को स्वचालित (ऑटोमेट) करने से यह प्रक्रिया आसान हो सकती है, जिससे यह सुनिश्चित होता है कि आप अन्य खर्चों से पहले नियमित रूप से धन बचा सकें।

3. **सावधानी से निवेश करें:** बुद्धिमान निवेश विकल्प महत्वपूर्ण हैं। निवेश के लिए सावधानीपूर्वक विचार किए गए दृष्टिकोण में ऐसी परिसंपत्तियों का चयन करना शामिल है जो आपके वित्तीय लक्ष्यों, जोखिम सहनशीलता और समयरेखा के अनुरूप हों। आवेगपूर्ण निर्णयों से बचना और गहन शोध करना या वित्तीय सलाहकार से परामर्श करना जोखिम को कम करने में मदद कर सकता है। विविधीकरण, या अपने निवेश को स्टॉक, बॉन्ड और रियल एस्टेट जैसे विभिन्न परिसंपत्ति वर्गों में फैलाना भी आपके पोर्टफोलियो को अस्थिरता से बचा सकता है और समय के साथ स्थिर रिटर्न की संभावना में सुधार कर सकता है।

4. **इक्विटी पर विश्वास करें:** इक्विटी या स्टॉक्स कंपनियों में स्वामित्व का प्रतिनिधित्व करते हैं और ऐतिहासिक रूप से विभिन्न परिसंपत्ति वर्गों में सबसे अधिक रिटर्न देने वाले रहे हैं। हालांकि, वे अल्पकालिक रूप से उतार-चढ़ाव कर सकते हैं, लेकिन लंबे समय में अन्य निवेशों की तुलना में बेहतर प्रदर्शन करने की प्रवृत्ति रखते हैं, जिससे वे धन-संपत्ति निर्माण के लिए आवश्यक बन जाते हैं।

गुणवत्ता वाले स्टॉक्स या इक्विटी-आधारित फंड्स में नियमित रूप से निवेश करके, आप कंपनियों और अर्थव्यवस्था की वृद्धि का

लाभ उठा सकते हैं, जो समय के साथ महत्वपूर्ण रिटर्न में परिवर्तित हो सकता है।

5. **अनुत्पादक (Unproductive) ऋण से बचें:** यदि बुद्धिमानी से उपयोग किया जाए तो ऋण एक शक्तिशाली उपकरण हो सकता है, लेकिन अनुत्पादक ऋण - जैसे उच्च-ब्याज क्रेडिट कार्ड ऋण - उन संसाधनों को खत्म कर देता है जिन्हें अन्यथा निवेश किया जा सकता है। उच्च-ब्याज ऋण का भुगतान करने और अत्यधिक उधार लेने से बचने पर ध्यान केंद्रित करके प्रभावी ढंग से ऋण का प्रबंधन करने से बचत और निवेश के लिए नकदी प्रवाह मुक्त हो सकता है। एक स्वस्थ ऋण-से-आय अनुपात बनाए रखने और अपनी खर्च करने की आदतों के प्रति सचेत रहने से कर्ज को आपके वित्तीय लक्ष्यों में बाधा बनने से रोका जा सकता है।

6. **दीर्घकालिक सोचें:** धन का निर्माण कोई अल्पकालिक परियोजना नहीं है; इसके लिए दीर्घकालिक मानसिकता की आवश्यकता है। इसका मतलब है यथार्थवादी लक्ष्य निर्धारित करना जिन्हें हासिल करने में वर्षों या दशकों का समय लग सकता है। बाज़ार में उतार-चढ़ाव स्वाभाविक है, और दीर्घकालिक परिप्रेक्ष्य बनाए रखने से, अल्पकालिक मंदी के दौरान आपके भावनात्मक रूप से प्रेरित निर्णय लेने की संभावना कम होती है। दीर्घकालिक सोच आपको अपने अंतिम लक्ष्यों पर ध्यान केंद्रित रखने और आवेग में बेचने या व्यापार करने के प्रलोभन से बचने की अनुमति देती है, जो आपके धन-निर्माण के प्रयासों को बाधित कर सकता है।

7. **सट्टा आवेग से परे सोचें:** उच्च जोखिम वाले स्टॉक, क्रिप्टोकरेंसी या अल्पकालिक व्यापार जैसे सट्टा निवेशों में "त्वरित जीत" का आकर्षण कई लोगों को राह से भटका सकता है।

जबकि कुछ में तेजी से रिटर्न देखने को मिल सकता है, सट्टा निवेश महत्वपूर्ण जोखिम और नुकसान की संभावना के साथ आते हैं। सफल धन-निर्माण बाज़ार की सनक पर जुआ खेलने के बजाय स्थिर, विश्वसनीय विकास पर केंद्रित होता है। सट्टेबाजी पर स्थिरता को प्राथमिकता देने से, आपके पास स्थायी संपत्ति बनाने की अधिक संभावना है।

साथ में, ये सिद्धांत धन-निर्माण के लिए एक व्यापक दृष्टिकोण बनाते हैं। प्रत्येक एक दूसरे को मजबूत करता है, एक ऐसी वित्तीय योजना बनाता है जो बाजार में अल्पकालिक परिवर्तनों के खिलाफ लचीली हो। जल्दी शुरुआत करके, लगातार बचत करके, बुद्धिमानी से निवेश करके, दीर्घकालिक विकास पर भरोसा करके, कर्ज से बचकर और अटकलों से दूर रहकर, व्यक्ति वित्तीय सुरक्षा प्राप्त कर सकते हैं और समय की कसौटी पर खरी उतरने वाली संपत्ति बना सकते हैं।

पिछले दो दशकों में, हमने कई बार बाज़ार में भारी गिरावट का अनुभव किया है, जिसमें घाटा 20-30% या उससे भी अधिक तक पहुंच गया है। इन गिरावटों में हाल के इतिहास की कुछ सबसे महत्वपूर्ण वित्तीय मंदी शामिल हैं, जैसे कि 2008 का वित्तीय संकट और 2020 में महामारी से प्रेरित गिरावट। इन घटनाओं ने वैश्विक बाजारों को हिला दिया, निवेशकों के विश्वास का परीक्षण किया, और कई लोगों को उनकी स्थिरता और भविष्य पर सवाल उठाने के लिए प्रेरित किया। निवेश. कई लोगों के लिए, ये मंदी बढ़ी हुई अनिश्चितता और चिंता की अवधि का प्रतिनिधित्व करती है, क्योंकि उन्होंने देखा कि उनके पोर्टफोलियो का मूल्य रातोंरात कम हो गया है।

फिर भी, इस चुनौतीपूर्ण समय के बावजूद, हम आज खुद को काफी मजबूत स्थिति में पाते हैं। जो लोग अपनी निवेश रणनीतियों के प्रति प्रतिबद्ध रहे और जब बाजार सबसे निचले स्तर पर था तब घबराकर बिकवाली नहीं की, उनकी संपत्ति कई गुना बढ़ गई है। प्रत्येक मंदी के बाद सुधार शक्तिशाली रहा है, बाज़ार अक्सर कुछ वर्षों के भीतर नई ऊँचाइयों पर पहुँच जाता है। इन सुधारों ने उन लोगों को धैर्य और लंबी अवधि तक निवेशित रहने के संकल्प का प्रतिफल दिया है, जिससे बाजार की स्थिति गंभीर होने पर भी स्थिर पाठ्यक्रम बनाए रखने के महत्व पर बल मिलता है।

यह समझना आवश्यक है कि ये आवधिक गिरावट सिस्टम में खामियां या खराबी नहीं हैं; बल्कि, वे बाज़ार के प्राकृतिक चक्र की अभिन्न विशेषताएं हैं। हालांकि इन मंदी का अनुभव करना परेशान करने वाला हो सकता है, लेकिन ये निवेशकों के लिए अवसर पैदा करने में महत्वपूर्ण भूमिका निभाते हैं। प्रत्येक गिरावट अनुशासित निवेशकों को कम कीमतों पर उच्च-गुणवत्ता वाली संपत्ति खरीदने की अनुमति देती है, अनिवार्य रूप से उन निवेशों पर "छूट" प्राप्त करती है जो मंदी से पहले बहुत महंगे हो सकते थे। जो लोग इस पैटर्न को पहचानते हैं वे इन गिरावटों का फायदा उठा सकते हैं, इसे असफलताओं के रूप में नहीं बल्कि दीर्घकालिक धन निर्माण के अवसरों के रूप में देख सकते हैं।

अनुशासित निवेशक के लिए सफलता की कुंजी यह समझने में है कि बाजार में उतार-चढ़ाव निवेश का एक सामान्य और अपेक्षित हिस्सा हैं। बाजार में गिरावट आने पर भावनात्मक प्रतिक्रिया देने के बजाय, ऐसे निवेशक शांत रहते हैं और उतार-चढ़ाव दोनों स्थितियों में नियमित और रणनीतिक रूप से निवेश जारी रखते हैं।

यह दृष्टिकोण उन्हें बाजार के चक्रीय स्वभाव का लाभ उठाने की अनुमति देता है, जिससे वे समय के साथ अधिकतम रिटर्न प्राप्त कर सकते हैं। इस तरह, अस्थायी गिरावट को सहन करना और यहां तक कि उसे अपनाना भी एक सफल निवेश रणनीति का महत्वपूर्ण हिस्सा बन सकता है। बार-बार यह सिद्ध हुआ है कि वित्तीय विकास प्राप्त करने के लिए धैर्य, अनुशासन और दीर्घकालिक दृष्टिकोण आवश्यक हैं।

अध्याय – 16

मेरी वास्तविक जीवन यात्रा

उद्योग की सफलता की कहानी: कैसे मैंने वित्तीय उत्पाद क्षेत्र में 15 वर्षों में 2 मिलियन डॉलर की संपत्ति अर्जित की

यह मेरी कहानी है—कैसे मैंने, एक समर्पित वित्तीय उत्पाद विशेषज्ञ के रूप में, 15 वर्षों से भी कम समय में $2 मिलियन की संपत्ति अर्जित की और एक स्थिर निष्क्रिय आय (Passive Income) का स्रोत बनाया। अनुशासन, रणनीतिक सोच, उद्योग की समझ और दूसरों की वित्तीय सुरक्षा में मदद करने के जुनून के साथ, मैंने अपने करियर को एक प्रभावशाली धन-सृजन यात्रा में बदल दिया। यहाँ बताया गया है कि मैंने महत्वपूर्ण संपत्ति कैसे बनाई, निष्क्रिय आय स्रोत कैसे विकसित किए और वित्तीय स्वतंत्रता कैसे हासिल की।

1. वित्तीय ज्ञान की मजबूत नींव से शुरुआत

मैंने अपनी यात्रा वित्तीय उत्पाद उद्योग (Financial Product Industry) को गहराई से समझकर शुरू की, जिसमें जीवन बीमा, म्यूचुअल फंड, बिजनेस कंटिन्युटी प्लान और विभिन्न प्रकार के निवेश शामिल थे। इन उत्पादों की ठोस समझ विकसित करके, मैं अपने ग्राहकों को बेहतर वित्तीय योजनाएँ देने में सक्षम हुआ, जिससे मेरे स्वयं के वित्तीय सफलता की नींव मजबूत हुई।

ज्ञान मेरा सबसे मूल्यवान संसाधन बना, जिसने न केवल मुझे ग्राहकों का विश्वास दिलाने में मदद की बल्कि व्यक्तिगत धन-सृजन के अवसरों को भी पहचानने में सहायता की।

2. उच्च-वृद्धि वाले संपत्तियों में निरंतर और रणनीतिक निवेश

अपने उद्योग ज्ञान के साथ, मैंने नियमित रूप से निवेश करने का निर्णय लिया। सही समय का इंतजार करने के बजाय, मैंने छोटे स्तर पर शुरुआत की और लगातार निवेश किया, जिससे चक्रवृद्धि (compounding) लाभ का फायदा उठाया।

मैंने मुख्य रूप से उच्च-विकास वाली संपत्तियों, विशेष रूप से शेयरों में निवेश किया, जो ऐतिहासिक रूप से दीर्घकालिक लाभ प्रदान करते हैं। मेरा दृष्टिकोण त्वरित लाभ के पीछे भागने का नहीं था, बल्कि मजबूत निवेश ढूंढना था जो वर्षों में स्थिर बढ़ोतरी प्रदान कर सके।

3. स्थिरता और वृद्धि के लिए आय के विभिन्न स्रोत विकसित करना

मुझे एहसास हुआ कि वास्तविक वित्तीय स्वतंत्रता केवल एक आय स्रोत पर निर्भर नहीं रह सकती। वित्तीय उत्पादों से कमीशन और फीस अर्जित करने के अलावा, मैंने निष्क्रिय आय उत्पन्न करने के लिए ऐसी संपत्तियों में निवेश किया जो ब्याज, लाभांश और किराया प्रदान करती थीं।

अपने लाभ को पुनर्निवेश करके और धीरे-धीरे अपने पोर्टफोलियो का विस्तार करके, मैंने अपनी आय के स्रोतों में विविधता लाई। इससे मुझे आर्थिक मंदी के दौरान भी सुरक्षा मिली और एक स्थिर आय प्रवाह मिला जिस पर मैं भरोसा कर सकता था, बिना अपनी मूल संपत्ति को खर्च किए।

4. मजबूत ग्राहक आधार बनाना और निष्क्रिय कमीशन अर्जित करना

मेरी रणनीति का एक महत्वपूर्ण हिस्सा वफादार ग्राहक आधार बनाना था, जो उत्कृष्ट सेवा और विश्वसनीय सलाह से संभव हुआ। मैंने अपने ग्राहकों की वित्तीय भलाई पर ध्यान केंद्रित किया, जिससे मुझे बार-बार व्यापार और रेफरल मिलने लगे।

समय के साथ, यह निष्क्रिय आय का स्रोत बन गया, क्योंकि जीवन बीमा जैसी योजनाओं पर मुझे लगातार कमीशन मिलता रहा, बिना नए सौदे करने की आवश्यकता के। मैंने लेन-देन से अधिक संबंधों को प्राथमिकता दी, जिससे मेरा व्यवसाय आत्मनिर्भर बन गया और मेरे पुराने प्रयासों से निरंतर आय मिलती रही।

5. दीर्घकालिक दृष्टिकोण बनाए रखना और सट्टा जोखिम से बचना

मैंने हमेशा एक दीर्घकालिक दृष्टिकोण अपनाया और ऐसे जोखिम भरे निवेशों से दूर रहा जो त्वरित लाभ तो दे सकते थे, लेकिन साथ ही बड़े नुकसान का खतरा भी था। मैंने उन निवेशों को प्राथमिकता दी, जो स्थिर रिटर्न और कम अस्थिरता प्रदान करते थे।

मैंने यह समझ लिया कि धन बनाना केवल एक बार का बड़ा लाभ कमाने से नहीं, बल्कि वर्षों तक अनुशासित और रणनीतिक निर्णय लेने से होता है। मेरी धैर्यशीलता ने मुझे 2008 की वित्तीय मंदी और 2020 के बाजार संकट जैसी परिस्थितियों को बिना घबराहट के पार करने में मदद की।

6. वित्तीय साक्षरता को महत्व देना और ग्राहकों को शिक्षित करना

मेरी सफलता का एक प्रमुख घटक था अपने ग्राहकों को शिक्षित करने की प्रतिबद्धता। मैंने सेमिनार, वेबिनार और व्यक्तिगत सत्रों के माध्यम से ग्राहकों को दीर्घकालिक निवेश के मूल्य, कर्ज के खतरों और वित्तीय योजना की आवश्यकता के बारे में जागरूक किया।

ग्राहकों को सूचित निर्णय लेने में मदद करके, मैंने न केवल अपने संबंधों को मजबूत किया, बल्कि एक विश्वसनीय सलाहकार के रूप में अपनी पहचान भी बनाई। इससे मेरा ग्राहक आधार बढ़ा और मुझे रेफरल मिलने लगे, जिससे मेरे व्यवसाय और निष्क्रिय आय को और बढ़ावा मिला।

7. कर-बचत खातों और वित्तीय योजना रणनीतियों का लाभ उठाना

मैंने अपने रिटर्न को अधिकतम करने के लिए कर-बचत (Tax-Advantaged) खातों और वित्तीय योजना उपकरणों का रणनीतिक रूप से उपयोग किया।

सेवानिवृत्ति योजनाओं, कर-कुशल म्यूचुअल फंडों और कर-लाभ वाली बीमा पॉलिसियों का लाभ उठाकर, मैंने अपने कर-भार को कम किया और कर के बाद की आय को बढ़ाया।

8. लाभ को पुनर्निवेशित करना और चक्रवृद्धि का प्रभाव लेना

मैंने यह समझ लिया कि धन बढ़ाने का असली रहस्य चक्रवृद्धि में छिपा है। मैंने अपने मुनाफे को निकालने के बजाय, उन्हें दोबारा

अपने पोर्टफोलियो में निवेश किया, जिससे मेरे लाभ और भी अधिक बढ़े।

यह पुनर्निवेश चक्र मेरे धन को तेजी से बढ़ाने में मदद करता रहा, जिससे शुरुआती छोटी बचत भी समय के साथ बड़ी संपत्ति में बदल गई। अनुशासित बचत और निवेश की आदतें मेरी संपत्ति-सृजन रणनीति के मजबूत स्तंभ बने।

9. उद्योग में बदलावों को अपनाना और अनुकूल रहना

जैसे-जैसे वित्तीय उद्योग विकसित हुआ, मैंने नए वित्तीय उत्पादों, डिजिटल टूल्स और बाजार प्रवृत्तियों को सीखकर खुद को अपडेट रखा।

मेरी यह अनुकूलन क्षमता न केवल मुझे ग्राहकों को बेहतर समाधान देने में मदद करती रही, बल्कि नए निवेश अवसरों का लाभ उठाने में भी सहायक बनी।

10. वित्तीय स्वतंत्रता प्राप्त करना और दूसरों को प्रेरित करना

15 वर्षों की कड़ी मेहनत, रणनीतिक निवेश और अनुशासित बचत के बाद, मैंने $2 मिलियन की संपत्ति का लक्ष्य हासिल कर लिया। इससे भी बढ़कर, मैंने एक विश्वसनीय निष्क्रिय आय प्रवाह बनाया जो मेरे जीवन-यापन के खर्चों को पूरा कर सकता था, जिससे मैं वित्तीय रूप से स्वतंत्र हो गया।

मेरी कहानी केवल व्यक्तिगत सफलता की नहीं है, बल्कि वित्तीय उत्पाद उद्योग के अन्य पेशेवरों और धन-सृजन की राह पर चलने वालों के लिए प्रेरणा का स्रोत भी है।

मेरा यह सफर दर्शाता है कि अनुशासित निवेश, ग्राहक-केंद्रित सेवा और दीर्घकालिक योजना का पालन करके कोई भी व्यक्ति वित्तीय स्वतंत्रता प्राप्त कर सकता है। धन-सृजन रातोंरात नहीं होता, बल्कि वर्षों तक निरंतर प्रयास, बुद्धिमान निर्णय और एक दीर्घकालिक दृष्टिकोण अपनाने से संभव होता है।

आप भी यह कर सकते हैं! सही रणनीति और अनुशासन के साथ वित्तीय स्वतंत्रता की ओर अपना सफर शुरू करें।

हम आपकी समीक्षा का बेसब्री से इंतजार कर रहे हैं

आपकी यात्रा अभी शुरू हुई है, और आपका नजरिया हमारे लिए महत्वपूर्ण है। यह किताब पाठकों को मार्गदर्शन, आशा और चुनौतियों को पार करने के व्यावहारिक कदम देने के लिए बनाई गई है, ताकि वे एक उज्जवल और अधिक संतोषजनक जीवन की ओर बढ़ सकें।

आपके विचार और अनुभव हमें इस संदेश के प्रभाव को समझने में मदद करते हैं और व्यक्तिगत परिवर्तन व दृढ़ता पर जारी चर्चा में योगदान देते हैं। हमें यह जानकर खुशी होगी कि यह किताब आपसे कैसे जुड़ती है और यह आपके सफर को किस तरह प्रभावित करती है।

तो जैसे-जैसे आप इस किताब के पन्ने पलटेंगे और इसके विचारों पर मनन करेंगे, कृपया अपना अनुभव साझा करने पर विचार करें। हम उत्सुकता से आपके विचारों की प्रतीक्षा कर रहे हैं और जानना चाहेंगे कि इस किताब ने आपको कैसे प्रेरित या सशक्त किया है।